試験に出る民法の基本がやさしくわかる

マンガでわかる 民法入門

第2版

伊藤塾塾長　弁護士
伊藤 真〔監修〕

ナツメ社

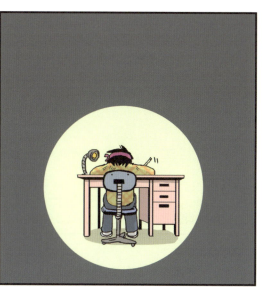

監修にあたって

　民法は、数ある法律の中でも私たちの日常生活に一番密接に関わる法です。買い物をしたら売主に何が言えるか、物を盗まれたらだれに何を言えるか、どうしたら離婚できるか、親の財産を相続したら自分は何をもらえるのか…。あしたにでも自分が関わってしまいそうなことばかりです。

　ところが、本格的な教科書や体系書で学び始めると、なかなかわかりにくいのも民法の特徴です。全部で1050条と条文の数が多いので、全体を見通すのに時間がかかるのが、わかりにくさの原因の1つです。

　また、法律特有の用語も、わかりにくさの原因です。「権利能力」「債務不履行」「占有訴権」「危険負担」…。法律用語辞典を引いて読んでみても、説明が抽象的で、説明に出てきた法律用語をまた辞書で引いて…とうんざりした経験をお持ちかもしれません。

　この本を手にとられているならば、大学の必修科目で民法を勉強することになった、公務員試験の法律科目に民法が出題される…という方が多いと思います。中には、以前に民法を学び始めたが途中で挫折したけれども、民法が2017年に債権法の分野を中心に大きく変わったようだから、もう一度始めようとしている方もいるかもしれません。

　法律を学ぶ上で大事なポイントは、全体のイメージをつかむことです。本書は、わずか二百数十ページの薄さで民法を一気に見通せるように作られていますから、膨大な民法の全体像を短期間でイメージするのに役立つでしょう。しかも、法律用語のむずかしさを感じさせないようにマンガや図を多用して、イメージしやすく、かつ頭に残りやすいように作られています。

　ここで民法のイメージを作り、次のステップの足がかりに役立てていただくことを願っています。

伊藤　真

もくじ

第1章 総則

1	**人／人の権利と能力** 「人」だけが契約や権利義務の主体になることができる	22
2	**法人／法人の設立・管理・解散** 会社などの法人も自然人と同じく権利能力をもつ	28
3	**物／物とは何？** 権利の主体になるのが「人」 権利の対象になるのが「物」	32
4	**法律行為／法律行為と意思表示の関係は？** 契約は当事者間の意思表示の合致によって成立する	36
5	**代理／代理人の権限と法律行為** 本人の代わりに法律行為を行ってもらうことができる	40
6	**法律行為の効力／法律行為の条件・期限・期間** 契約の効力発生時期は当事者の合意で先延ばしできる	44
7	**時効／時効とは何？** 一定期間を過ぎると権利を得たり失ったりする	48

第2章 物権

8 物権／物権の性質と物権変動
1つの物に同じ内容の物権は重ねて成立しない … 54

9 占有権／占有権の取得と移転・効力
占有権は占有の意思のもと「引渡し」によって取得 … 58

10 所有権／所有権とその制限・取得・共同所有
物を使用・収益したり、処分したりすることができる権利 … 62

11 地上権／地上権とはどんな権利？
地上権は家など工作物を作り他人の土地を使用する権利 … 66

12 永小作権・地役権・入会権／永小作権・地役権・入会権とはどんな権利？
他人の土地を利用する用益物権の1つ … 70

13 担保物権／担保はなぜ必要？
ほかの債権者に優先して債務の弁済を受けられる … 74

14 留置権／留置権とはどんな権利？
物を手元に留め置いて弁済を促す権利 … 78

15 先取特権／先取特権とはどんな権利？
ほかの債権者よりも先に債務の弁済を受けられる … 82

16 質権／質権とはどんな権利？
債務の弁済がなければ質物を売った代金で満足する … 86

17 抵当権／抵当権とはどんな権利？
担保不動産を引き渡されずに優先的に弁済を受けられる … 90

11

第3章 債権

18	**債権／債権とは何？** 他人に一定の行為を求めることができる権利	98
19	**債権の効力／履行の強制と債権回収** 債権者は法の手続にのっとり債務の履行を強制できる	102
20	**債務不履行／債務不履行と損害賠償請求** 債務不履行になると債権者は債務者に損害賠償を請求できる	106
21	**保証債務／保証・連帯保証と保証人の責任** 債務者に代わって保証人が債務を履行する	110
22	**債務の移転／債権譲渡と債務引受** 債権や債務は契約によって移転させることができる	114
23	**債権の消滅／弁済・代物弁済・供託** 債権は弁済・代物弁済・供託などによって消滅する	118
24	**契約①／契約とは何？** 契約によって当事者の間に権利と義務が発生する	122
25	**契約②／契約の成立と不成立** 契約は当事者間の申込みと承諾によって成立する	126
26	**契約③／契約解除** 契約を一方的にご破算にできる場合がある	130
27	**定型約款／約款とは何？** 多数の取引に対して一律に適用される契約条項	134

12

28 贈与契約／贈与契約とは何？
自分の財産をタダで相手に与えることができる　138

29 売買契約／売買契約と売主の義務・買主の義務
売主が財産権を買主に移転し、買主は代金を支払う　142

30 消費貸借契約と使用貸借契約／消費貸借契約と使用貸借契約の違いは？
借りた物に対して同種・同等・同量の物を返すのが消費貸借　148

31 賃貸借契約／土地や建物の賃貸借契約の実際はどうなっている？
貸主が物を使用収益させ、借主が賃料を支払う　154

32 雇用契約と請負契約／雇用契約と請負契約の実際はどうなっている？
労務を提供する雇用契約、仕事を完成させる請負契約　160

33 委任契約と寄託契約／委任契約と寄託契約の違いは？
法律行為などを相手に頼む委任、物を預ける寄託　164

34 組合契約／組合契約とは何？
複数人が出資して共同で事業を行うことを約束　168

35 事務管理／事務管理とは何？
義務がないのに他人の利益のために何かをすること　172

36 不当利得／不当利得とは何？
法律上の原因なくして他人の財産などを自分のものにできない　176

37 不法行為／不法行為と損害賠償責任
不法行為の加害者には損害賠償金を支払う責任がある　180

第4章 親族

38	親族／親族と親族関係 6親等以内の血族、配偶者、3親等以内の姻族が親族	186
39	婚姻と離婚／婚姻・離婚とその効力 婚姻や離婚は法が定める手続をふまないと認められない	190
40	親子／実子・養子と親子関係 法律によって親子関係が生じることもある	194
41	親権／親権とはどんな権利？ 未成年の子を監護・養育し、財産を管理する権利	198
42	後見／後見とはどういう制度？ 未成年者や判断能力を欠く成年を保護する制度	202
43	扶養／扶養と扶養義務 親子・夫婦に限らず親族の間には扶養義務がある	206

第5章 相続

44 相続／相続とは何？
亡くなった人の財産や財産上の権利義務は引き継がれる …… 212

45 相続分と遺産分割／遺産はどのように分けられる？
だれが何をどれだけ相続するか　それを決めるのが遺産分割 …… 216

46 遺言と遺留分／遺言制度と遺言の効力
遺言は被相続人の死亡によって効力が発生する …… 222

47 遺言の執行と撤回／遺言はどのように執行される？
遺言執行者が行う場合と相続人が行う場合がある …… 226

伊藤先生のズバリ回答	総則編	52
	物権編	96
	債権編	184
	親族編	210
	相続編	230

索引　231

次に民法の全体像をながめてみよう

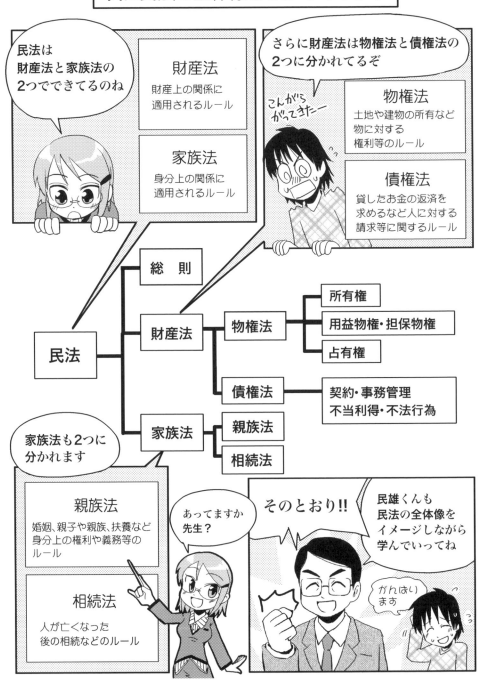

1章

総則

ここでは、人（自然人、法人）、物、法律行為、代理、期間の計算、時効など、民法全体にわたるルールを解説します。

第1章・総則
1 人
人の権利と能力

「人」だけが契約や権利義務の主体になることができる

📖 第3条
権利能力
1 私権の享有は、出生に始まる。
2 外国人は、法令又は条約の規定により禁止される場合を除き、私権を享有する。

KEY WORD
権利能力
私法上の権利義務の主体となることができる資格や地位のこと。

KEY WORD
法律行為
売買契約や賃貸借契約のように、一定の権利の変動を発生させようとする行為。

 ## 権利能力・意思能力

日常会話で「人」といえば、人間を指しますが、民法では、人間である**自然人**に加えて、会社や団体などの**法人**を含みます。そして、民法上、自然人と法人が権利能力の主体になります（法人については**2**で説明します）。

自然人は出生によって**権利能力**を取得します。権利能力とは、権利義務の帰属主体となることができる資格や地位のことをいいます。例えば、家の売買契約を締結した買主には「家を引き渡せ」という権利（引渡請求権）が帰属します。売主には引渡義務が帰属します。

契約は、民法では**法律行為**の一種です。この法律行為は、個人の自由な意思に基づいて行われます。買主は、「高すぎて払えないから買わない」など、自由に決めること

ができるのです。

このような法律行為を行う前提として**意思能力**が必要です。自分の行為の結果を判断できる能力です。これがなければ法律行為は無効になります。例えば、重度の認知症により内容を理解できない状態の人が契約書にサインをしても、契約は無効です。契約によってどういう義務を負うかを理解できなければ、自由な意思で契約を結んだことにはならないからです。

なお、従前民法には、意思能力に関する規定がありませんでした。法理論上当然のことは法律に記載しないという方針で制定されていたためです。しかし、改正民法では、国民にわかりやすい法律ということを重視し、「意思能力がなければ法律行為は無効である」ということが明文化されています。

第3条の2
意思能力
法律行為の当事者が意思表示をした時に意思能力を有しなかったときは、その法律行為は、無効とする。

 行為能力

1人で確定的に有効な意思表示を行う能力を、**行為能力**といいます。意思表示とは「売ります」「買います」ということです。民法では判断能力に問題があるため確定的に有効な意思表示ができない者（**制限行為能力者**）をあらかじめ定め、その行為を後から**取り消す**ことができるようにして保護しています。制限行為能力者は未成年者、成年被後見人、被保佐人、被補助人などです。

KEY WORD
被保佐人
精神上の障害によって物事を判断する能力が著しく不十分な者。

未成年者、成年被後見人は行為能力を制限されている

未成年者とは20歳未満の人です。未成年者が法律行為を行うには、原則として親など法定代理人の同意が必

KEY WORD
被補助人
精神上の障害によって物事を判断する能力が不十分な者。

📖 **第5条**
未成年者の法律行為
1　未成年者が法律行為をするには、その法定代理人の同意を得なければならない。ただし、単に権利を得、又は義務を免れる法律行為については、この限りでない。(以下条文略)

📖 **第8条**
成年被後見人及び成年後見人
後見開始の審判を受けた者は、成年被後見人とし、これに成年後見人を付する。

📖 **第22条**
住所
各人の生活の本拠をその者の住所とする。

要です。例えば、高校生が携帯電話の契約をするときには保護者の同意が必要です。民法は、未成年者は、社会の取引において1人で契約を結ぶ能力をもたない者と一律に判断して、親の保護下に置いているのです。

なお、成年年齢を20歳から18歳に引き下げることを内容とする民法改正が、2018（平成30）年6月13日に成立し、2022（令和4）年4月1日から施行されます。同時に、女性が婚姻できる年齢の引き上げもされます。現行法上、女性が婚姻できるのは16歳ですが、男性に合わせてこれを18歳にするというものです。

成年被後見人とは、精神上の障害によって判断能力を常に欠いており、本人や配偶者、親族などの請求によって、家庭裁判所から後見開始の審判を受けた人です。成年被後見人には成年後見人が付き、法律行為や財産管理は成年後見人が代理して行います。

 「住所」において財産を管理するのが民法の原則

民法における**住所**とは人の生活の本拠です。多くの場合は自宅ですが、単身赴任先や下宿先が住所になる場合もあります。

住所は生活の中心になるだけでなく、契約の履行や相続などにおいて重要な意味をもちます。生活の本拠と異なり、しばらくの間だけ居住している場所を**居所**といいます。長期滞在しているホテルや、居候している知人の家などがこれにあたります。

住所や居所を留守にしてすぐに戻る見込みのない者を
不在者（ふざいしゃ）といいます。人が長期間にわたって住所や居所を

●民法における住所の1例

住所＝生活の本拠　／　居所

自宅　単身赴任先　長期滞在しているホテル　居候している知人の家

●財産を管理する場所　●債務を履行する場所　●相続を開始する場所ほか

留守にしている間は、家族といえども不在者の財産を管理したり処分したりすることはできません。

しかし、それでは不在者の財産がいつまでも現状のまま放置されてしまい、その財産に関係する人々が迷惑します。そこで民法は、次のような解決方法を定めています。まず、不在者に代わって**財産を管理したり処分したり**する場合は、その許可を家庭裁判所に求めます。次いで、申立てを受けた家庭裁判所によって**財産管理人**が選任され、財産管理人が財産管理に必要な行為を行います。

失踪宣告によって不在者は死亡したとみなされる

人が住所や居所から去り、長期間にわたって行方不明になっている場合、その生死不明の状態に法律上決着をつけるのが**失踪宣告**です。不在者は、「生きている」ことを前提に法律関係を処理する仕組みであるのに対し、失踪宣告は行方不明者を**死亡したものと扱う**ことで法律

📖 **第30条**
失踪宣告
1　不在者の生死が7年間明らかでないときは、家庭裁判所は、利害関係人の請求により、失踪の宣告をすることができる。
2　戦地に臨んだ者、沈没した船舶の中に在った者その他死亡の原因となるべき危難に遭遇した者の生死が、それぞれ、戦争が止んだ後、船舶が沈没した後又はその他の危難が去った後1年間明らかでないときも、前項と同様とする。

25

関係を処理します。

ただし、死亡が確定しているわけではないので、失踪宣告は失踪者の権利能力を奪うものではありません。もし、失踪者が生きていたことがわかったり、死亡したとみなされた時期と違う時期に死亡したことが明らかになったりしたときには、失踪宣告を取り消さなければいけません。失踪宣告は特に相続に関係してくる点が重要です。

失踪宣告が行われると、宣告を受けた人は死亡したものとして扱われ、相続が開始されます。また、交通事故などで親子とも死亡してしまい、どちらが先に死亡したのか不明な場合などは、両者は同時に死亡したと推定されます。これを**同時死亡の推定**といい、両者間の相続はないものとされます。

**第32条の2
同時死亡の推定**
数人の者が死亡した場合において、そのうちの1人が他の者の死亡後になお生存していたことが明らかでないときは、これらの者は、同時に死亡したものと推定する。

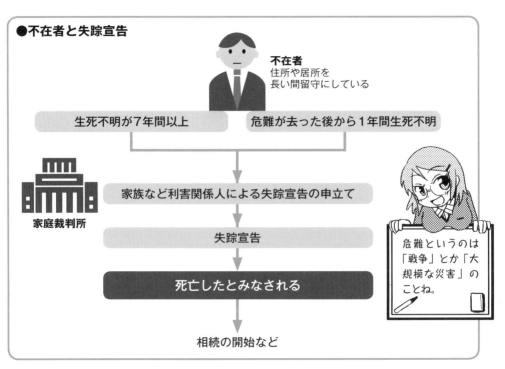

26

第1章・総則 法人の設立・管理・解散

2 法人
会社などの法人も自然人と同じく権利能力をもつ

法人格をもつことで自然人以外でも権利能力をもつ

民法上、権利義務の主体は「人」であり、「人」だけが契約の当事者などになることができます。民法は、自然人だけでなく、会社などの団体についても**法人**として権利能力を与えています。法人が自然人と同じように権利能力の主体になることを、「法人格を取得する」といいます。民法を学び、理解する上で大切な考え方なので覚えておきましょう。

法人は、その目的に応じて、営利を目的とする**営利法人**と、それ以外の**非営利法人**に区別することができます。また、法人はその形態によっても区別されます。人の集合体に権利能力を与える**社団法人**と、一定の財産の集合

第34条
法人の能力
法人は、法令の規定に従い、定款その他の基本約款で定められた目的の範囲内において、権利を有し、義務を負う。

営利
営利とは、法人が外部的な活動を通じて得た利益をその構成員などに分配することを指す。

体に権利能力を与える**財団法人**です。

法人は設立によって権利能力が発生する

前に説明したように、自然人は出生によって権利能力を取得します。一方で、法人の場合は**設立**によって権利能力を取得します。設立手続は、一般法人法や会社法などの規定に基づいて行います。大まかにいえば、法律の規定に従って**定款**を作成し、役員を選任し、出資が必要なら出資し、設立の登記をすることです。これにより設立手続が完了します。

法人の設立には、一般社団法人・一般財団法人の場合も株式会社の場合も、法律の定める要件を具備し、登記をすれば設立が認められる**準則主義**が採られています。

法人の活動は代表者を通じて行われる

法人が設立され、活動を始めれば、その運営・管理が必要になります。例えば、土地を購入する場合、法人は

> **KEY WORD**
> **法人についての規律**
> 民法の改正により、現在、民法には法人についての詳細な規定は置かれていない。営利法人の場合には会社法、非営利法人の場合には一般社団法人及び一般財団法人に関する法律（一般法人法）によりそれぞれ規律されている。営利法人の典型例は会社である。非営利法人とされるもののうち、公益認定を受けたものが公益法人と呼ばれる。

> **KEY WORD**
> **定款**
> 法人の組織と活動に関する基本的規則。

●法人の形態

営利法人
 株式会社
 持分会社 等

非営利法人
 一般社団法人
 一般財団法人
 NPO法人 等

一般社団・財団法人のうち公益認定を受けたもの → 公益法人

あくまで人や財産の集合体ですから、自然人のように自ら行動し、契約を結ぶ手段をもっていません。そこで、「土地を買おう」という**意思を決定する機関**と、決定された意思について、会社を代表して**対外的に表示する機関**が必要になります。一般法人でいうと、前者が社員総会、後者が理事です。また株式会社では各々、株主総会、取締役がそれにあたります。理事や取締役が代表者として対外的な活動を行う権限を**代表権**といいます。

法人はどのようにして権利能力を失う?

法人は設立によって権利能力を取得しますが、自然人が死亡により権利能力を失うのと同じように、法人も権利能力を失う場合があります。最も典型的な例は、法人が**解散し、清算が終了**した場合です。

法人が解散した場合、法人が持っていた財産は権利義務の帰属主体を失ってしまうことになります。そこで、そのような財産を株主などの社員に分配するなどして整理するために行われるのが清算です。

法人は解散によってその活動を終えることになりますが、清算が終了するまでは清算の目的の範囲内で権利能力を持ち続けます。そして、清算が終了することにより権利能力を失うことになります。

KEY WORD

解散
定款で定めた存続期間が満了した場合など一般法人法や会社法が定めている解散事由が生じた場合に解散手続が始まる。

KEY WORD

株主・社員
一般法人法や会社法上では、社員とは法人の構成員を意味する。例えば、会社における社員とは、出資者を指す。つまり、ここでいう「社員」は、会社員など法人で働く従業員のことではないので注意すること。なお、株式会社の社員のことを特に株主という。

第1章・総則　3　物

物とは何？

権利の主体になるのが「人」
権利の対象になるのが「物」

KEY WORD
有体物
空間の一部を占める有形的存在のこと。すべての固体、気体、液体を指す。

第86条
不動産及び動産
1　土地及びその定着物は、不動産とする。
2　不動産以外の物は、すべて動産とする。

「物」とは形のあるもののすべて

　民法において**物**とは形のあるもの（有体物）のことです。例えば、形のあるものの代表格といえるのが土地や建物です。電気や電波、発明など形のないもの（無体物）は物とはされません。
　では、具体的に物はどのように分類されるのでしょうか。①**不動産**と**動産**、②**主物**と**従物**、③**元物**と**果実**の3つの分類に従って説明していきましょう。

土地の上に生えている木も不動産

　不動産と動産は民法において最も重要な分類であり、実際に民法を適用する際に、不動産か動産かによって取扱いが違ってきます。不動産といえば、まず**土地**を思い

●土地に定着している物も不動産

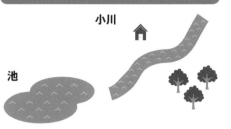
土地といっしょに取引される

土地とは切り離して取引できる

浮かべることでしょう。正解です。さらに民法では土地の**定着物**も不動産としています。

土地の定着物とはその上に建つ家屋や工場などの建物、鉄塔や池、橋、立木などです。土地の定着物としての不動産は、通常は土地と一体の物として、土地といっしょに取引されます。

ただし定着物でも、建物は土地とは別個の不動産として取引されます。また、立木も立木法による登記または**明認方法**などの公示方法があれば土地とは別個に取引することができます。

動産とは**不動産以外の物**を指します。まず思い浮かぶのが自動車や家具ですが、自動車は登録することによって不動産に似た扱いを受けることができます。

では、紙幣や貨幣などのお金も動産かというと実は少し違います。それは抽象的な価値であり、その点に着目して、特殊な動産と位置付けるというのが民法の考えです。

主物と従物、元物と果実とは？

主物と従物とは何でしょう。簡単に説明すると、メイ

KEY WORD

明認方法
民法などの明文の規定にはないが、慣習によって認められる公示の方法。例えば、数本の樹木の周りにロープを張り巡らして樹木の所有者を示した立札を設置する方法などがある。

第87条
主物と従物
1　物の所有者が、その物の常用に供するため、自己の所有に属する他の物をこれに附属させたときは、その附属させた物を従物とする。
2　従物は、主物の処分に従う。

ンとして使われる物を主物といい、**その経済的効用を助ける物**が従物です。

例えば刀と鞘、家屋と畳・建具は主物と従物の関係にあります。主物を売ったり買ったりするときは、従物もいっしょに付いてくるのが原則です。

元物と果実とは何でしょう。元物とは**果実を生じる物**をいい、果実とは**元物から生じる経済的な利益**をいいます。田畑とそこに実ったお米や野菜、樹木とそれに実ったリンゴは元物と果実の関係にあります。

果実には**天然果実**と**法定果実**があります。天然果実とは、物の用法に従って産出される物です。文字どおり田や畑から採れる作物や、鉱山から掘り出される鉱物などです。法定果実とは、土地や家屋などを使用させた対価として受け取る金銭(賃料)などをいいます。貸したお金に対する利息もこれにあたります。それぞれ、田畑や鉱山、土地や家屋、貸したお金が元物となります。

> 📖 **第88条**
> **天然果実及び法定果実**
> 1　物の用法に従い収取する産出物を天然果実とする。
> 2　物の使用の対価として受けるべき金銭その他の物を法定果実とする。

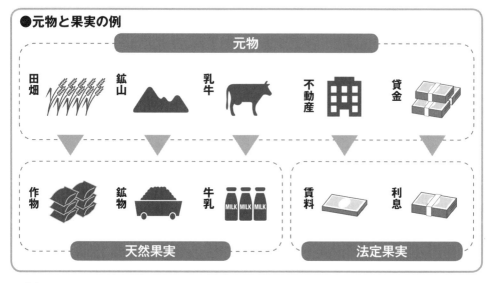

●元物と果実の例

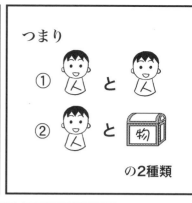

第1章・総則　法律行為と意思表示の関係は？

4 法律行為

契約は当事者間の意思表示の合致によって成立する

KEY WORD

双務契約と片務契約
互いに対価的な債務を負う契約が双務契約。物をタダで譲るなど、一方だけが債務を負うのが片務契約。

📖 **第93条**
心理留保
1 意思表示は、表意者がその真意ではないことを知ってしたときであっても、そのためにその効力を妨げられない。ただし、相手方がその意思表示が表意者の真意ではないことを知り、又は知ることができたときは、その意思表示は、無効とする。
2 前項ただし書の規定による意思表示の無効は、善意の第三者に対抗することができない。

契約は当事者間の意思表示の合致が必要

　法律行為には様々なものが含まれますが、最も重要なものが契約です。契約が成立するには、当事者間の**意思表示の内容が合致**しなければなりません。

　例えば、Aさんが家を1000万円で売りに出し、Bさんは買いたいと考え、それなら買うと返答してきました。家を売買したいという「申込み」の意思表示と「承諾」の意思表示が合致し、当事者間で契約が成立したのです。

　契約が成立すると、Aさんには家をBさんに引き渡す義務が生じる代わりに、売却代金1000万円をBさんに請求する権利が認められます。一方Bさんには、購入代金1000万円をAさんに支払う義務が生じる代わりに、Aさんに家の引渡しを求める権利が認められるのです。

真意と異なる意思表示は無効な場合がある

では、Bさんが本当は家を買うつもりがないのに、Aさんに「家を買いたい」と伝え、Aさんが信じてしまったらどうなるのでしょう。この場合、Bさんの真意を知らないAさんを保護するために、Bさんの「家を買いたい」という意思表示は**原則として有効**とされ、これを信じたAさんが売却を承諾したら契約は成立します。このようなBさんの意思表示を**心裡留保**といいます。

ただし、Bさんの意思表示が真意でないとAさんが知っていた場合、または知ることができた場合（悪意有過失の場合）は、Aさんを保護する必要はありませんから、Bさんの意思表示は無効とされ、Aさんが売却を承諾したとしても契約は成立しません。

また、Aさんの家がローンの滞納で債権者から差し押さえられそうになり、それを免れる目的でBさんに売却したふりをしたらどうなるでしょう。この場合、双方の意思表示は真意と異なる上、心裡留保と違って、このことをABがともに知っているので、いずれも保護する必要はなく、意思表示は無効です。これを虚偽表示といいます。

錯誤や詐欺、強迫による意思表示は取り消せる

Aさんが1200万円で家を売ろうとしたにもかかわらず、間違って「家を800万円で売りたい」と言ってしまった場合を錯誤による意思表示といいます。また、BさんがAさんをだましてAさんに「800万円で売る」という意思表示をさせた場合を詐欺といいます。また、B

第95条
錯誤
1　意思表示は、次に掲げる錯誤に基づくものであって、その錯誤が法律行為の目的及び取引上の社会通念に照らして重要なものであるときは、取り消すことができる。
一　意思表示に対応する意思を欠く錯誤
二　表意者が法律行為の基礎とした事情についてのその認識が真実に反する錯誤
2　前項第2号の規定による意思表示の取消しは、その事情が法律行為の基礎とされていることが表示されていたときに限り、することができる。
3　錯誤が表意者の重大な過失によるものであった場合には、次に掲げる場合を除き、第1項の規定による意思表示の取消しをすることができない。
一　相手方が表意者に錯誤があることを知り、又は重大な過失によって知らなかったとき。
二　相手方が表意者と同一の錯誤に陥っていたとき。
4　第1項の規定による意思表示の取消しは、善意でかつ過失がない第三者に対抗することができない。

> **第94条**
> **虚偽表示**
> 1　相手方と通じてした虚偽の意思表示は、無効とする。
> 2　前項の規定による意思表示の無効は、善意の第三者に対抗することができない。

> **第96条**
> **詐欺又は強迫**
> 1　詐欺又は強迫による意思表示は、取り消すことができる。
> 2　相手方に対する意思表示について第三者が詐欺を行った場合においては、相手方がその事実を知り、又は知ることができたときに限り、その意思表示を取り消すことができる。
> 3　前2項の規定による詐欺による意思表示の取消しは、善意でかつ過失がない第三者に対抗することができない。

さんがAさんを脅してAさんに売却の意思表示をさせた場合を強迫といいます。

　錯誤、詐欺や強迫によるAさんの意思表示は無効ではありませんが取り消すことができます。では、錯誤や詐欺、強迫があるとは知らずに、BさんがAさんから買った家を、BさんからCさんが買った場合、Aさんは取消しをCさんに主張できるでしょうか。錯誤と詐欺による場合、事情を知らない善意無過失のCさんに対しては、Cさんを保護するために、Aさんは取消しを主張できないとされていますが、強迫の場合は、Aさんにまったく落ち度がありませんので、逆にAさんを保護するため、AさんはCさんに取消しを主張できるとしています。

　なお、改正前の民法は、錯誤の場合、その意思表示を無効としていましたが、改正民法はこれを有効であるとして取り消せるものとしています。従前から錯誤の場合における無効は、「取消的無効」と解されていて、「無効」といいつつも、誰でもいつでも無効を主張できるようなものではなく、実質的には取消しと同等に扱っていました。この解釈に民法の条文を合わせたことになります。

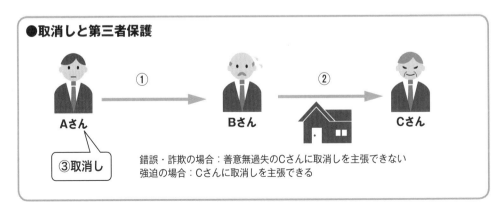

●取消しと第三者保護

錯誤・詐欺の場合：善意無過失のCさんに取消しを主張できない
強迫の場合：Cさんに取消しを主張できる

第1章・総則

5 代理

代理人の権限と法律行為

本人の代わりに法律行為を行ってもらうことができる

代理人が行った法律行為の効果は本人に帰属する

第99条
代理行為の要件及び効果
1　代理人がその権限内において本人のためにすることを示してした意思表示は、本人に対して直接にその効力を生ずる。(以下条文略)

　例えば、東京に住んでいるCさんは、大阪で契約したいと考えたとき、大阪には自分で行かずにDさんを派遣して契約をすることができます。また、未成年者であるEさんは、原則として自分1人で有効な契約をすることができないので、代わりに親権者であるFさんに契約してもらうことになります。このように、自分の代わりに他の者に法律行為をしてもらうことを**代理**といい、代わりの者を**代理人**といいます。

　まず、代理が成立するためには、代理人が意思表示を要する法律行為をすることが必要です。次に、代理人であるDさんやFさんは、本人であるCさんやEさんの代理人であることを相手に明らかにしなければならないの

です。これを**顕名**といいます。

また、代理人であるDさんやFさんは、代理人としての権限（**代理権**）をもっていなければなりません。Dさんのように、本人Cが代理権を与えることによって始まる代理を**任意代理**といいます。任意代理において、代理権を与えたことは、委任状という書面で証明されることが多いです。他方、Fさんのように、本人Eの意思とは関係なく法律の規定により代理権が生じる代理を**法定代理**といいます。

そして、代理人が本人のために行った法律行為の効果は、**本人に帰属**するのが代理制度のポイントです。

代理権のない者の法律行為は原則無効に

以上のように、代理が成立するためには、①意思表示を要する法律行為がされたこと、②顕名がされたこと、③代理権が存在すること、が原則として必要とされることがわかりました。このうち、代理権がないのに法律行為を行った場合を**無権代理**といいます。冒頭の例で、DさんがCさんから代理権を与えられていないのに、勝手にCさんを代理して契約を結んだ場合です。代理権がないのに法律行為を行ったのですから、原則としてその効果はCさんに帰属せずに**無効**となります。ただし、Cさんが無権代理行為を承認すれば、この法律行為は遡って有効になります。これを、**追認**といいます。

一方、契約の相手方は、Cさんに追認されないままだと不安定な状態が続きます。そこで、相手方には、Cさんに追認するかどうかを催促する権利（**催告権**）や、契

KEY WORD

任意代理
本人の意思によって代理権を与えることで発生する代理。

KEY WORD

委任状
第三者に委任する事柄に関する代理権を与えたことを書き記した文書。代理人や委任事項などを指定しない委任状を「白紙委任状」という。

KEY WORD

法定代理
本人が未成年や成年被後見人などの場合の、法律の定めによって代理権が生じる代理。

KEY WORD

帰属
法律上当然に、権利などの移転の効果が国など一定の者に対して生じること。

📖 **第100条**
本人のためにすることを示さない意思表示
代理人が本人のためにすることを示さないでした意思表示は、自己のためにしたものとみなす。ただし、相手方が、代理人が本人のためにすることを知り、又は知ることができたときは、前条第一項の規定を準用する。

約を取り消す権利（**取消権**）が認められています。

相手が代理人と信じれば法律行為は有効になり得る

　一方、代理権をもたないのに、代理人であるかのようにふるまう者を信じて法律行為を行った場合は、無権代理であっても法律行為の効果が本人に帰属することがあり、これを**表見代理**といいます。表見代理には①**代理権授与表示**による表見代理、②**権限外の行為**による表見代理、③**代理権消滅後**の表見代理の3つがあります。

　例えば、DさんがCさんから白紙の委任状を取り、これを勝手に使ってCさんのクルマをEさんに売却した場合などは、①にあたります。また、クルマの売却しか依頼されていないDさんが、Cさんのゴルフ道具まで売却してしまった場合などは、②にあたります。CさんがDさんに与えた代理権が消滅したのにもかかわらず、Dさんがクルマを売却してしまった場合などは、③にあたります。

表見代理の規定には①授権表示によるもの、②権限を越えた場合のもの、そして③代理権消滅後の場合があるんだね。

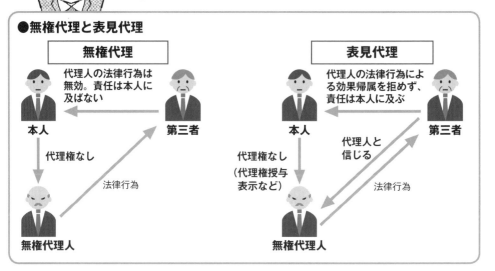

●無権代理と表見代理

第1章・総則　法律行為の条件・期限・期間

6 法律行為の効力

契約の効力発生時期は当事者の合意で先延ばしできる

第127条
条件が成就した場合の効果
1　停止条件付法律行為は、停止条件が成就した時からその効力を生ずる。
2　解除条件付法律行為は、解除条件が成就した時からその効力を失う。
3　当事者が条件が成就した場合の効果をその成就した時以前にさかのぼらせる意思を表示したときは、その意思に従う。

契約には条件を付けることができる

　契約は、当事者同士の合意があれば成立するということとは説明しました。その契約には、条件や期限を付けることができます。**条件**とは「宝くじが当たったら食事をごちそうしてあげる」のように、将来実現するかどうか確かではないことに契約の効力をかからせることです。

　条件には2つの種類があります。「就職したらクルマを買ってあげる」というように、ある事実が起きたときに契約の効力が発生すると決めておくことを**停止条件**といいます。これとは逆に、大学を卒業できなかったら仕送りを止める、というように、ある事実が起きたときに契約の効力がなくなるように決めておくことを**解除条件**といいます。

第1章・総則 | 法律行為の効力

契約の効力が発生する期限と消滅する期限

KEY WORD
期限の利益
例えば代金を支払う場合、支払日（期限）がやってくるまで支払いをしなくてもよいという利益のこと。

　契約に期限を付ける場合、「10月31日に代金を支払う」のように、時期が来ればその効力が発生する場合を**始期**といいます。

　一方、「12月1日をもって契約は終了する」のように、効力が消滅する場合を**終期**といいます。「月末までに代金を支払うので、その間は品物を取り置いてもらう」という場合、もし月末までに代金を支払うことができなければ、ほかの人に売却されても文句はいえません。これも終期です。

　期限には、その決め方による区別もあります。「10月31日に代金を支払う」という場合、「10月31日」は確実にやってきます。これを**確定期限**といいます。一方「私が死んだら家をあげる」という場合、「私が死ぬ」ことは確かですが、いつかはわかりません。これを**不確定期限**といいます。

条件を付けられないものもあって、これを「条件に親しまない行為」というんです。

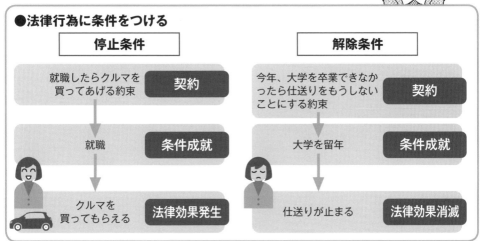

●法律行為に期限をつける

始期

10月31日に代金を支払う約束 → 契約

10月31日が来る → 期限到来

代金を支払わなければならない → 契約の効力発生

終期

4月30日まで品物を取り置きしてもらう約束 → 契約

4月30日を過ぎた → 期限到来

品物を取り置きしてもらう効力は消滅する → 契約の効力消滅

契約に期限を付けた場合、効力が発生するのが「始期」で、効力が消滅するのが「終期」なんですね!

 時間単位か日数単位かで期間の計算方法が違う

「マンションを2年間借りる」とか「きょうから1ヶ月後に支払う」など、契約におけるある時点からある時点までの間を**期間**といいます。

不動産を借りたり、お金を借りたりするときは、期間を定めるのが普通です。期間を「日」「週」「月」「年」単位で定める場合は、契約した初日は期間に入れず、期日の末日の終了をもって期間が終了するのが原則です。

期間を時間単位で定める場合は、契約した時点から期間が始まります。例えば、デートでテーマパークに行ったとします。当日券を買って午前10時に入場しました。このテーマパークの閉園時間は午後9時です。この場合、期間の開始は午前10時で、期間の終了は午後9時となります。

KEY WORD

期間
「期間」の定め方として時・分・秒を単位とする「自然的計算方法」と、日・週・月・年を単位とする「暦法的計算法」の2つがある。

第1章・総則

7 時効

時効とは何？

一定期間を過ぎると権利を得たり失ったりする

権利の上に眠る者は保護されない

第144条
時効の効力
時効の効力は、その起算日にさかのぼる。

　ある状態が一定期間続くことによって、権利を得たり失ったりする制度が**時効**です。

　例えば、借金の返済日から5年間が経過してしまうと、返してもらう権利は消滅します。このように、時効が完成すれば権利が消滅することを**消滅時効**といいます。

　消滅時効は、権利行使できることを知った時（主観的起算点）から5年間、または権利行使することができる時（客観的起算点）から10年間のいずれか早いほうの経過によって完成します。お金の貸借では、契約時に返済日を定めることで権利を行使することができる時を認識できるため、返済日が到達すれば直ちに権利を行使することが可能です。そのため、基本的に5年の消滅時効

になります。しかし、消費者ローンなどで過払金の返還を求める場合（不当利得返還請求）などは、過払いした時点から返還を求められます。それは、実際に過払いになってみないと返還できるかどうかわからないという理由です。

また、他人の所有名義の土地を所有の意思をもって20年間占有し続けたり、自己の土地と誤信して10年間占有し続けたりした場合には、その土地はその人のものとなります。時効が完成すれば権利を取得することを**取得時効**といいます。どちらも、時効が完成するには、一定の期間の経過が必要なのです。

権利を持つ者は本来法律で保護されます。しかし、長い間権利の行使を怠っている権利者を、他の人の犠牲のもとに保護する必要はありません。民法が時効制度を設けた理由には、そのような考え方があるのです。

時効の完成には、一定期間の経過が必要ですが、裁判を起こして相手方に請求したり（裁判上の請求）、裁判外で相手に支払いを求めたり（催告）、裁判所が差押え、仮差押え、仮処分などを行った場合は、時効の完成が猶予されます。これを時効の**完成猶予事由**といいます。

また、相手が債務の存在を認めた場合（承認）は、時効期間がリセットされ、その時から新たな時効期間が進行します。裁判を起こして相手に請求したのち、確定判決でその請求が認められた場合も、その時から新たな時効期間が進行します。これらを時効の**更新事由**といいます。

時効には利益を受ける者の意思表示が必要

時効によって権利を得たり失ったりする効果が発生す

📖 **第166条**
債権等の消滅時効

債権は、次に掲げる場合には、時効によって消滅する。
一　債権者が権利を行使することができることを知った時から5年間行使しないとき。
二　権利を行使することができる時から10年間行使しないとき。
2　債権又は所有権以外の財産権は、権利を行使することができる時から20年間行使しないときは、時効によって消滅する。
3　前2項の規定は、始期付権利又は停止条件付権利の目的物を占有する第三者のために、その占有の開始の時から取得時効が進行することを妨げない。ただし、権利者は、その時効を更新するため、いつでも占有者の承認を求めることができる。

 KEY WORD

事由
理由または原因となる事実。

● 時効の効果が生じるためには意思表示が必要

時効の完成（法律で決められた時効期間の経過）

貸していたお金を返して下さい

返還請求

時効が完成したのでお金は返しません

債権者　　時効の援用　　債務者

債務者は「時効の援用をしない」という意思表示もできる

るには、一定期間が経過するだけでは不十分です。時効完成によって利益を受ける者が、その利益を受けるとの意思表示をすることが必要です。これを**時効の援用**といいます。利益を受ける者の意思を尊重しているのです。時効が完成してもそれを援用しない、という反対の意思表示をすることもできます（**時効の利益の放棄**）。

短期消滅時効の廃止

従来、消滅時効の期間は時効にかかる権利の種類によって、借金（一般の債権）は10年、飲食費のツケは1年、工事の設計施工代金の債権などは3年となっていました。しかし、改正民法では一律に権利行使できることを知った時から5年間、または権利行使できる時から10年間のいずれか早いほうの経過で消滅時効が完成します。

一方、取得時効における時効期間は、占有開始時に善意かつ無過失であれば**10年間**、それ以外は**20年間**となります。例えば、他人の土地に家を建て、地権者から何の指摘も受けず20年以上が経過したとします。この場合、その後で地権者から申立てがあったとしても時効を援用して、その土地が自分の物だと主張できるのです。

📖 **第145条**
時効の援用
時効は、当事者（消滅時効にあっては、保証人、物上保証人、第三取得者その他権利の消滅について正当な利益を有する者を含む。）が援用しなければ、裁判所がこれによって裁判をすることができない。

📖 **第162条**
所有権の取得時効
1　20年間、所有の意思をもって、平穏に、かつ、公然と他人の物を占有した者は、その所有権を取得する。
2　10年間、所有の意思をもって、平穏に、かつ、公然と他人の物を占有した者は、その占有の開始の時に、善意であり、かつ、過失がなかったときは、その所有権を取得する。

伊藤先生のズバリ回答　総則編

なぜ契約は守らないといけないの？

私たちが暮らす現代社会では、個人の自由な意思が尊重されます。人は自ら望んで法律行為をするのです。これが私的自治の原則です。しかし、契約を守らない自由まで尊重してしまっては、社会に混乱を招きます。では、どうすれば秩序を保つことができるのでしょうか。その答えが「契約は守らなければならない」という原則なのです。

「無効」とはどういうことを指すの？

意思表示の無効、契約の無効など、様々な法律行為における民法の解釈には「無効」という言葉がよく登場します。無効とは、その意思表示や契約が法律的に効力をもたず、初めからなかったものとして扱われることです。民法の条文にも「無効」という言葉がでてきます。その意味をきちんと理解しておきましょう。

「意思表示の到達」とはどの時点のこと？

意思表示は、相手に到達した時に効力が発生するのが原則です。その意思表示を書面にして郵送した場合、郵便物が相手方の郵便受けに届いた時、相手が郵便を開封した時、どちらを「到達」というのでしょうか。正解は前者です。意思表示の到達は、相手が未確認であっても相手の元に届きさえすればよいのです。

公序良俗違反とはどういうこと？

公序良俗違反という言葉をよく耳にすると思います。公序良俗とは公の秩序、善良な風俗を意味し、いわば社会的な妥当性を指します。民法では公序良俗に反する法律行為は無効です。確かに、人は原則的にどんな法律行為をしようと自由です。しかし、犯罪を依頼する、愛人契約をする、賭博の資金を貸す、霊感商法などによって暴利を得る、といった行為は無効になるのです。

代理人はだれでもなれるの？

本人に代わり法律行為を行って、その効果を本人に帰属させることを「代理」といいました。代理人には2つの種類があります。未成年者の親などの親権者や成年後見人といった法定代理人と、本人の信任によって代理人になった人である任意代理人です。法定代理人は、なりたいからといってだれでもなれるものではありません。

2章

物権

> ここでは所有権や地上権など、物に対する権利について解説します。

第2章・物権 8 物権

物権の性質と物権変動

1つの物に同じ内容の物権は重ねて成立しない

一物一権主義の原則

　第1章で、権利の主体になるのが「人（自然人・法人）」、権利の対象になるのが「物（動産・不動産）」、と説明をしました。第2章からは物権法、すなわち人の物に対する法律関係を学びます。

　物権とは、物に対する**直接的・排他的な支配権**です。**直接的**とは、後で学習する賃貸借などの債権とは異なり、物の支配について貸主から貸してもらうなど他人の行為を必要としないということです。

　次に、**排他的**とは、一度権利が成立すると、1つの物に対して同じ内容の権利は成立し得ないということです。例えば、Aさんが土地Xを所有する権利（所有権）をもっているとき、Bさんは原則として土地Xの所有権

物権法定主義
物権は民法をはじめとする法律で定めたもの以外は認められないという原則。

支配
ここでいう物の**支配**とは、物を**使用**し、**収益**し、**処分**することをいう。物権のうち所有権は、使用・収益・処分の全ての権能をもつ。（占有権を除いた）所有権以外の物権は、これらの権能の一部が制限されているため**制限物権**と呼ばれる。

54

●物権の種類

【本権】
- **1 所有権**
物を自由に使用、処分したり、そこから収益を得たりできる権利

【制限物権】
- **用益物権**
他人の土地を使用したり、そこから収益を得たりできる権利
  - 2 地上権
  - 3 永小作権
  - 4 地役権
  - 5 入会権
- **担保物権**
物を債権の担保とするための権利
  - 6 留置権
  - 7 先取特権
  - 8 質権
  - 9 抵当権

- **10 占有権**
物を事実上支配している人の権利をとりあえず保護する権利

"物権は全部で10種類ある"と覚えておくと忘れる心配もなさそう！

を取得することはできません。

そして、この排他性から、1つの物に同じ内容の物権は重ねて成立しないという**一物一権主義**が導かれます。

 ## 物権的請求権と物権変動

物権には、物への支配状態が妨害されたり、その恐れがあるとき、元の状態に戻したり予防を求める権利が認められています。例えばAさんの土地Xに、隣のBさんがゴミを捨てたとします。AさんはBさんにゴミの撤去や、ゴミを捨てないよう予防措置を求めることができるのです。これを**物権的請求権**といいます。

人は様々な要因で物に対する権利を得、また失い、そしてその内容を変更します。これを**物権変動**といいます。物権変動は、主に売買や贈与などの契約によって生じ、届出などの形式は不要です。つまり、当事者間の**意思表示のみ**で成立します。

📖 第176条
物権の設定及び移転
物権の設定及び移転は、当事者の意思表示のみによって、その効力を生ずる。

🔑 KEY WORD
物権変動
物権の発生・変更・消滅をいう。第三者に物権変動の効力を対抗するための方法として不動産の登記などがある。

 ## 対抗要件を先に備えた人の権利が守られる

物権には排他性があり、物権変動も当事者間の意思表示だけで成立しますが、権利は目で見えるものではない

ので、現実には物が二重に売買され、所有者が誰であるかの争いが起こる場合があります。

そこで、物権変動が生じた場合には、その内容を当事者以外の第三者に対しても明らかにしておく必要があります。その方法が**公示**です。公示の方法は、不動産であれば**登記**、動産であれば**引渡し**です。この公示を**対抗要件**といいます。対抗要件を備えない限り、自分の権利を当事者以外の第三者に主張することはできません。1つの物に対して2人の者が権利を主張して争っている場合、一方が先に対抗要件を備えると、備えなかった者は自己の権利を主張できなくなるため、争いに負けてしまうことになります。

例えば、AさんがBさんと売買契約を結び、その土地XをBさんに売ることにしたとします。ところが、さらにAさんはCさんに土地Xを売り、CさんがBさんより先に登記を備えると、BさんはCさんに対して土地Xの所有権を主張することはできません。もし、Bさんが、「土地Xの所有権がAさんからBさんに移転した」という登記をきちんとしていればこのようなトラブルは生じなかったのです。

> **KEY WORD**
> 登記
> 第三者に対して権利関係の内容を明らかにし広く社会に公示するため、公開された公簿に記載された権利情報のこと。

> **KEY WORD**
> 引渡し
> 物の占有を移転すること。

> **KEY WORD**
> 対抗要件
> 自己の権利を第三者に対して主張するための要件。

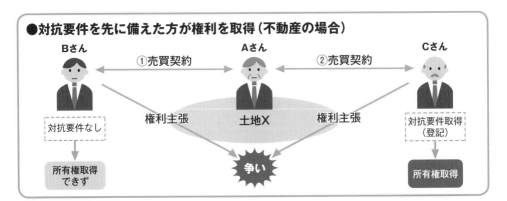

●対抗要件を先に備えた方が権利を取得（不動産の場合）

第2章・物権　占有権の取得と移転・効力

9 占有権

占有権は占有の意思のもと「引渡し」によって取得

第180条
占有権の取得
占有権は、自己のためにする意思をもって物を所持することによって取得する。

KEY WORD
本権
占有することを法律上正当とするための権利。例えば、所有権、地上権、質権など。

事実として支配していれば占有権が発生

　占有とは、①自己のためにする意思で、②物を事実として所持している状態のことをいいます。民法は、この占有を**占有権**として保護しています。占有の事実があれば占有権が発生します。所持する理由は問われません。

　例えば、Tさんが海外出張をしている間に、SさんがTさんのゴルフ道具を勝手に使用した場合、これによりSさんはゴルフ道具について占有権を取得します。そして、Tさんが帰国したとしても、ゴルフ道具がSさんの手元にある間は、Sさんの占有権はなくなりません。

　占有権は、他の物権とはやや性格が異なるので、所有権などの本権とは分けて位置付けられています。

　占有権は、占有者が自分で物を直接に支配する**自己占**

有のほかに、本人が他人（占有代理人）の占有を介して物を間接的に支配する**代理占有**によっても取得できます。代理占有は、例えばアパートの貸主が借主の占有を介してアパートを間接的に支配することによって占有を取得するような場合をいいます。

 ## 占有の移転には4つの方法がある

占有を移転することを**引渡し**といいます。民法は引渡しについて、4つの方法を定めています。

1つ目は、現実に物の支配を相手方に移転させる**現実の引渡し**です。

2つ目は、相手方が既に現実に所持している物について相手方への意思表示だけで占有権を譲渡する**簡易の引渡し**です。

3つ目は、**占有改定**です。これは、自己が占有する物について、以後は相手方のために占有するという意思表示によって相手方に占有を移転するものです。

自己占有を「直接占有」、代理占有は「間接占有」と言い換えることもできます。

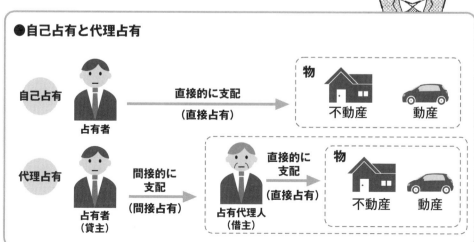

> **第200条**
> **占有回収の訴え**
> 1　占有者がその占有を奪われたときは、占有回収の訴えにより、その物の返還及び損害の賠償を請求することができる。
> 2　占有回収の訴えは、占有を侵奪した者の特定承継人に対して提起することができない。ただし、その承継人が侵奪の事実を知っていたときは、この限りでない。

確か物以外の財産権を行使する場合は「準占有」と言うのよね！

　4つ目は、**指図による占有移転**です。これは倉庫業者などの占有代理人が物を占有している場合に、本人が占有代理人に、以後相手方のために占有することを命じ、相手方がこれを承諾したときに、占有権を取得するものです。2～4つ目の占有移転は**意思表示だけ**で行うものです。

　このほか、占有権は相続によっても取得できるとされています。

占有権の効力は本権とほぼ同じ

　占有権の効力の中心は、占有権そのものを保護する**占有訴権**（せんゆうそけん）です。占有訴権とは、占有権が奪われたり妨害された場合、本権がなくても訴えによって元の状態に戻すことができる権利です。

　占有訴権には、物が奪われたときの**占有回収の訴え**、占有が妨害されたときなどの**占有保持の訴え**、物が奪われたり占有が妨害される危険があるときの**占有保全の訴え**の3つがあります。

●物を占有している場合の効力

1　取得時効	2　即時取得
時効によって所有権を取得	動産を権利のない者から買っても所有者になる
3　占有状態の推定	4　権利の適法の推定
所有の意思、善意、平穏、かつ公然と占有するものと推定	権利のない者も権利者として推定される
5　果実取得権	6　費用償還請求権
善意の占有者は果実を取得できる	保存費用などの必要な支出は本権をもつ者から返してもらえる
7　占有訴権	
占有の回復・維持の訴えを起こすことができる	

第2章・物権　所有権とその制限・取得・共同所有

10 所有権

物を使用・収益したり、処分したりすることができる権利

所有権は物を全面的に支配する強い権利

所有権とは、物を自由に**使用**・**収益**したり、また**処分**したりすることができる権利です。法律の範囲内であれば、動産や不動産を好きに使用してかまわないのです。所有権は物を全面的に支配する強い権利ですが、まったく制限を受けないのかというとそうではありません。

例えばAさんの土地とBさんの土地が隣り合っており、しかもBさんが公道に出るにはAさんの土地を通らなければならないとします。この場合、民法によるとAさんはBさんに、自分が所有する土地の通行を認めなくてはなりません。このような、隣接する土地の所有者間で利用や負担について調整する決まりを**相隣関係**（規定）といいます。公道に出るため他の土地を通る権利はその

KEY WORD
所有
自分の物としてもっていること。

第206条
所有権の内容
所有者は、法令の制限内において、自由にその所有物の使用、収益及び処分をする権利を有する。

第2章・物権 | 所有権

●Aさんの土地とBさんの土地の相隣関係

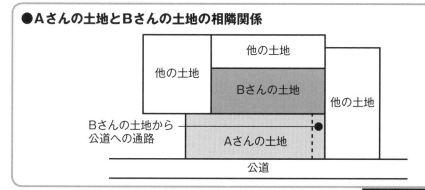

1つです。このように互いに境界を接している土地の所有権は制限を受けることがあります。

所有権の取得方法は承継取得と原始取得がある

所有権の取得には、前主の権利を受け継ぐ**承継取得**と、前主の権利とは無関係に取得する**原始取得**があります。契約や相続などによる所有権の移転は承継取得、所有者がない動産（無主物）を取得したり（無主物先占）、遺失物、発見した埋蔵物、時効による所有権を取得したりすることは、原始取得です。

やや特殊な所有権の取得方法として**添付**があります。民法は、所有者の異なる物がくっついて分けられなかったり（**付合**）、混じり合って分けようがない場合（**混和**）、また他人の物に加工を加えて別の物を作ってしまった場合（**加工**）について、その取扱いを定めています。

物は複数の人と共同で所有できる

複数の人が、1つの動産や不動産を分け合って所有することを**共有**といいます。

> Aさんはbさんを通らせてあげないといけないのか。これは知らないと争いのもとになりそうですね……

KEY WORD
無主物先占
海で釣った魚のように所有者のない無主の動産を他人に先んじて占有して所有権を取得すること。

第242条
不動産の付合
不動産の所有者は、その不動産に従として付合した物の所有権を取得する。ただし、権原によってその物を附属させた他人の権利を妨げない。

63

> 📖 **第249条**
> **共有物の使用**
> 1　各共有者は、共有物の全部について、その持分に応じた使用をすることができる。
> （以下条文略）

> 📖 **第251条**
> **共有物の変更**
> 1　各共有者は、他の共有者の同意を得なければ、共有物に変更（その形状又は効用の著しい変更を伴わないものを除く。…）を加えることができない。
> （以下条文略）

例えば、5人が資金を出し合って1つの土地を購入し、5分の1ずつ所有しているとします。この5分の1のことを各人の**持分**といい、共有者は持分に応じて土地を使用することができます。しかし、この土地を売ったり、アパートを建てて家賃収入を得るような場合は、**共有物の変更**にあたり、全員の同意が必要になります。

共有者は共有物の分割請求ができます。上記の5人のうちの1人が共有を解消したいとき、残りの4人に土地の5分の1を引き渡すよう請求ができるのです。

物の共同所有の形は、ほかにもあります。例えば、3人が組合契約を結び、組合財産が存在するとしましょう。この組合財産は、民法上、持分の処分、分割請求が否定されますが、払戻しなどが認められます。このように、具体的な持分は観念できないが、潜在的な持分が認められるものを**合有**といいます。さらに潜在的な持分すらないとされるものとして**総有**があります。

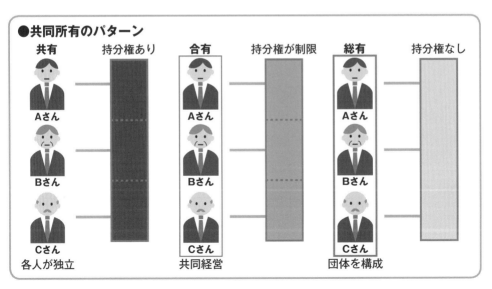

●共同所有のパターン

64

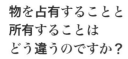

第2章・物権
11 地上権

地上権とはどんな権利?

地上権は家など工作物を作り他人の土地を使用する権利

建物所有目的で他人の土地を利用する場合は借地権

📖 **第265条**
地上権の内容
地上権者は、他人の土地において工作物又は竹木を所有するため、その土地を使用する権利を有する。

　地上権（ちじょうけん）とは、建物や橋、鉄塔など工作物を作って所有したり、木を植えて植木栽培を行ったりするために、他人の土地を使用する権利をいいます。

　地上権は、その土地の所有者が、土地を利用する者と契約を結ぶことによって設定されるのが通常です（地上権設定契約）。これに似た権利として土地の賃借権があります。この権利も土地の所有者が利用者と契約を結ぶことによって設定されます（賃貸借契約）。

　借地借家法上、建物所有目的の地上権と土地の賃借権は、あわせて**借地権**と呼ばれています。建物所有目的で他人の土地を利用する場合に、地上権を設定することはほとんどなく、通常は賃借権が設定されます。地上権が

発生するのは、抵当権に関連する法定地上権だけといってもよいでしょう。

地上権と賃借権では扱いに違いがある

地上権は物権であり、賃借権は債権であることから、その扱いに違いがあります。例えば、地上権を他の人に譲渡する場合、土地の所有者の**承諾**は必要ないのに対し、賃借権を他の人に譲渡する場合は賃貸人（≒土地の所有者）の承諾が必要になります。

地上権は登記によって第三者に対抗できる

地上権は**登記**をすることによって対抗要件を備え、**第三者に対して権利を主張**できます。この登記は、土地所有者と地上権をもつ者が共同で申請をしなければなりません。

地上権は物権ですので、債権である賃借権とは異なり、地上権者は、前に説明した物権的請求権として、土地所有者に対して**登記手続を請求**することができます。

また、仮に所有者に対して登記手続の請求を行わず地上権の登記をしなかったとしても、建物所有目的の地上権の場合には、土地上に建物を立て、その**建物の登記**をすれば、地上権を第三者に対抗できることが借地借家法によって定められています。

地上権には、地下や空間の範囲を限った**区分地上権**（くぶんちじょうけん）というものもあります。例えば、他人の土地の下に地下鉄などを作る地下地上権や、橋梁（きょうりょう）を通すための空間地上権などがこれにあたります。

第388条
法定地上権
土地及びその上に存する建物が同一の所有者に属する場合において、その土地又は建物につき抵当権が設定され、その実行により所有者を異にするに至ったときは、その建物について、地上権が設定されたものとみなす。この場合において、地代は、当事者の請求により、裁判所が定める。

KEY WORD
借地借家法
建物賃借権、建物所有目的の地上権及び土地賃借権についての民法の特別法。借地法と借家法を廃止して新しく1991年に制定された。

> **第269条の2**
> **地下又は空間を目的とする地上権**
> 1　地下又は空間は、工作物を所有するため、上下の範囲を定めて地上権の目的とすることができる。この場合においては、設定行為で、地上権の行使のためにその土地の使用に制限を加えることができる。
> 2　前項の地上権は、第三者がその土地の使用又は収益をする権利を有する場合においても、その権利又はこれを目的とする権利を有するすべての者の承諾があるときは、設定することができる。この場合において、土地の使用又は収益をする権利を有する者は、その地上権の行使を妨げることができない。

地上権の存続期間に限りはない

　地上権者は、木を植えたり、橋や鉄塔など工作物を所有したりするために他の人の土地を利用できます。さらに、地上権を譲渡することもできます。

　また、地上権は譲渡によってその権利が移転します。さらに、地上権の存続期間について法律上の決まりがないため、**永久**に地上権をもち続けることも可能です。

　これに対して、賃借権の存続期間は民法では最長で**50年**ですが、借地上に建物を所有する目的で土地を借りた場合は借地借家法が適用され、その存続期間は最短でも**30年**と定められ、上限はありません。

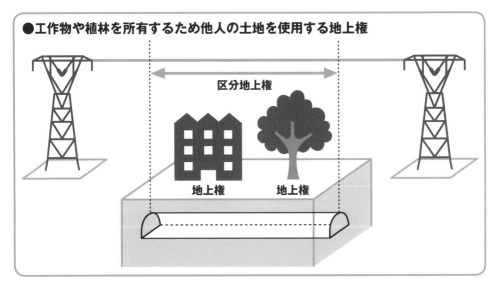

●工作物や植林を所有するため他人の土地を使用する地上権

第2章・物権

12 永小作権・地役権・入会権

永小作権・地役権・入会権とはどんな権利？

他人の土地を利用する用益物権の1つ

 KEY WORD

小作
小作料（使用料）を地主に支払って土地を借り、その土地で田畑を耕作しながら生活を営むこと。また、その人をいう。

📖 **第270条**
永小作権の内容
永小作人は、小作料を支払って他人の土地において耕作又は牧畜をする権利を有する。

 永小作権はほとんど賃借権に代わられている

永小作権、地役権、入会権は、地上権と同じく他人の**土地を使用**したり、そこから利益を得たり（**収益**）するための権利（用益物権）の1つです。

永小作権は、米や野菜を作ったり、牛や豚などの家畜を飼うため、**小作料**を支払った人の土地を使用する権利です。現実には、永小作権はほとんど賃借権に取って代わられています。

 地役権は他人の土地をどのように使用する権利か

地役権は、当事者間で設定した目的に従って自己の**土地の便益**のために他人の土地を使用する権利です。

所有権の説明で、相隣関係について触れました。そこ

では例えば、公道に出るために他人の土地を通る権利が認められています。同じような内容を土地所有者の間で契約をすれば地役権になります。これを**通行地役権**といいます。

地役権設定の目的には、このほかに用水路から水を引いてくる**引水地役権**などがあります。

地役権とは、自分の土地の利便性を高めるために他人の土地を利用することができる権利のことをいい、この場合の自分の土地を**要役地**、他人の土地を**承役地**といいます。

また、地役権は、要役地をより便利にするための権利なので、要役地の利用価値と無関係に、要役地の所有者の個人的利益を満足させるためだけに地役権を設定することはできません。

入会権は、一定の村落民が山林や原野を共同で利用する権利です。

> 📖 **第280条**
> **地役権の内容**
> 地役権者は、設定行為で定めた目的に従い、他人の土地を自己の土地の便益に供する権利を有する。ただし、第3章第1節（所有権の限界）の規定（公の秩序に関するものに限る。）に違反しないものでなければならない。

土地利用者が小作料を2年以上支払わなかった場合、永小作権の消滅を請求できます。

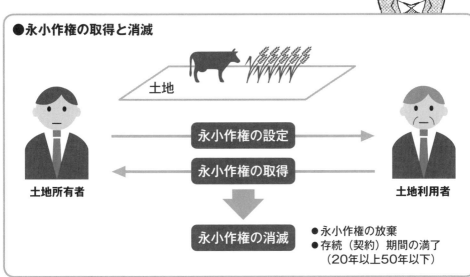

●永小作権の取得と消滅

永小作権と地役権は登記することができる

KEY WORD
地役権
地役権は、設定された期間が満了し、あるいは地役権者が権利を放棄した場合などに、消滅する。

永小作権や地役権は、**契約**によって設定されるほか、**時効**によって取得されることもあります。永小作権と地役権は**登記**することができ、これによって第三者に対して権利を主張することができます。

それぞれの権利の存続期間は、原則として契約により定められます。設定可能な期間としては、永小作権が**20年以上50年以下**であるのに対し、地役権は地上権と同じく期間についての定めがなく、**永久**的な権利も認められるとされています。

入会権は各地方の慣習に従うので、権利取得に民法の定めは特になく、登記もできません。

通行地役権や引水地役権のほかに、例えば"隣家に高い建築物を建てさせないため"に地役権を取得する場合もあります。

●地役権の取得と消滅

地役権を設定する土地
便益を提供
Aさん所有 承役地 → Bさん所有 要役地

Aさん 土地所有者 —地役権の設定→ Bさん 土地利用者
Aさん ←地役権の取得— Bさん

地役権の消滅
- 地役権の放棄
- 時効
- 存続（契約）期間の満了（期間の制限なし）

第2章・物権　担保はなぜ必要？

13 担保物権

ほかの債権者に優先して債務の弁済を受けられる

債務の「かた」になるのが担保

担保という言葉を耳にしたり、目にしたことはありませんか？「借金の担保を取られる」とか「○○担保ローン」といった言葉です。では担保とは何でしょう。

担保とは、お金を貸す場合でいえば、貸主（債権者）が、借主（債務者）からの**返済を確保する手段**として、あらかじめ債務者から差し出してもらうものをいいます。「家を借金のかたに取る」という言い方をしますが、この「かた」に相当するものが担保なのです。

担保があれば債権者はとりあえず安心です。また、債務者は弁済をしないと担保に入れた物を取られてしまうので、懸命に弁済しようとします。

心理的なプレッシャーを与えて**弁済を促し**、最終的に

KEY WORD
債権者
債務者に対して一定の給付を請求できる権利をもつ人のこと。

KEY WORD
債務者
債権者に対して一定の給付を行う義務を負う人のこと。

KEY WORD
弁済
債務者が債務の内容である給付を実現して債権を消滅させること。

は物を売って弁済を受けること（**優先弁済効**）が担保の役割です。

 物的担保と人的担保

担保には物的担保と人的担保があります。

人的担保には、保証や連帯保証があります。人的担保については、第3章の保証債務の項目（P110）で詳しく説明します。これに対して、**物的担保**（担保物権）とは、次の項目で説明する抵当権などのことです。

例えば、Aさんがマンションを購入するために、銀行に住宅ローンの融資を申し込んだとします。その際、銀行としては、多くの場合、ローンの返済を担保するためにそのマンションに抵当権を設定しますが、その抵当権がまさに物的担保です。

担保物権は、登記をすれば他の者に対抗できます。上記の例で、銀行が抵当権設定登記をした場合には、Aさんがマンションを誰かに譲渡したとしても、銀行はマンションの譲受人に対して担保（抵当権）を主張できることになります。

では、仮にAさんが銀行に住宅ローンを返済することができなかった場合はどうなるでしょうか。この場合、銀行はAさんから担保として差し出されたマンションを競売し、その売却代金を債務の返済に充てることができます。担保の内容によってはAさんのマンションを自分のものとしたりすることもできます。

これに対して、人的担保の場合には、保証人や連帯保証人がAさんに代わって、銀行に債務を返済することに

KEY WORD
優先弁済効
債務者からの弁済を、ほかの債権者に優先して受けることができる担保物権の効力。先取特権、質権、抵当権に認められる。

KEY WORD
保証債務
例えば、Aさんがお金を借りる際、Bさんを保証人に立てれば、Aさんが債務を履行しなかった場合、Bさんがその債務を肩代わりして履行することになる。このBさんの債務を保証債務という。

KEY WORD
物的担保の実行
担保にとった物を売って、その代金から弁済を受けること。担保にとった物をそのまま債権者が所有する方法もある。

なります。

担保物権にはいくつかの共通する性質がある

担保物権とは、**債務の履行を確保**するため民法で認められた**物権**です。法律の規定によって発生する**法定担保物権**と、当事者間の契約によって発生する**約定担保物権**があります。

法定担保物権には、留置権（P78）と先取特権（P82）があります。一方、約定担保物権には質権（P86）、抵当権（P90）があります。

担保物権には**付従性**と**随伴性**という性質があります。付従性とは、債権が消滅すれば担保物権もまた消滅する、という性質のことです（消滅における付従性）。また随伴性とは、債権が譲渡などによって別の債権者に移れば、担保物権もその債権者に移る、という性質のことです。また、**不可分性**という性質もあります。債権者が債務の弁済をすべて受けるまで、目的物の全部に対して担保物権の効力が及ぶ性質のことです。

抵当権
目的物（不動産など）の占有を債務者に残したままにし、債務者が債務を履行しなかった場合、目的物から優先的に弁済を受けられる権利。

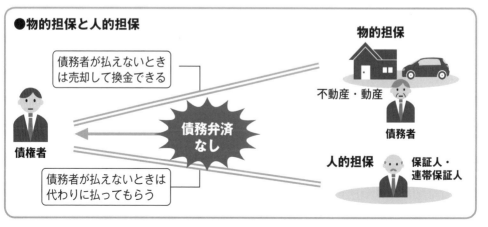
●物的担保と人的担保

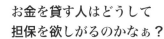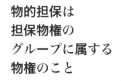

第2章・物権

14 留置権

留置権はどんな権利？

物を手元に留め置いて弁済を促す権利

KEY WORD

留置権と代担保

基本的には、自動車の修理を依頼したにもかかわらず、その代金を支払えない場合、債権者は留置権を行使して自動車を留置できる。しかし債務者が相当の代担保を提供することで留置権の消滅を請求することができる。

弁済を受けるまで物を手元に留め置ける

留置権とはどんな権利でしょうか。

例えばCさんは自分のクルマをぶつけてへこませてしまい工場へ修理に出しました。修理が終了したとの連絡が入ったので、Cさんはクルマを取りに行き、修理代金10万円を請求されましたが、5万円しか持っていませんでした。この場合、工場側はCさんにクルマの引渡しを拒むことができます。これが留置権です。

留置権とは、**他人の物を占有**している者が、その**物に関して生じた債権**（Cさんから未払い修理代金10万円を支払ってもらう権利のことです）をもっている場合、債権の**弁済を受けるまで**その物を自分の**手元に留め置く**ことができる権利であり、担保物権の1つです。

工場側はCさんから修理代金10万円を支払ってもらう権利があり、支払いを促すためにCさんの自動車を手元に置いているのです。つまり、Cさんの自動車を担保として預かり、留め置いているのです。

 ## 全額の弁済を受けるまで留置権を行使できる

クルマの所有権はCさんにあり、工場側はいずれクルマをCさんに返さなければなりません。しかし、工場側は、Cさんから10万円**全額を受け取るまで**、クルマを**留置**できます。

Cさんが「とりあえず2万円払うのでクルマを渡してほしい」と申し出ても、工場側は引渡しを拒否できるのです。

担保物権には一般に、優先弁済効があります（P75）。しかし、留置権だけには**優先弁済効**を認めた**規定がありません**。

 ## 留置物を第三者に貸すことができる

留置権者は、債務者の承諾を得て留置物を第三者に**賃貸**し、その賃料を弁済に充当することもできます。工場側は、担保として手元に置いてあるCさんのクルマを、その承諾を受けて第三者に貸し、その利用料から未払い代金に充当できます。

ただし、Cさんの**承諾**を受けず、工場側が勝手にCさんのクルマを第三者に貸した場合、Cさんは自動車修理工場に留置権の消滅を請求できます。

さらに、留置物を手元に置くため**必要費**を支出したと

KEY WORD

留置
物などをその状態にそのまま、留めておくことをいう。

📖 **第295条**
留置権の内容
1　他人の物の占有者は、その物に関して生じた債権を有するときは、その債権の弁済を受けるまで、その物を留置することができる。ただし、その債権が弁済期にないときは、この限りでない。
2　前項の規定は、占有が不法行為によって始まった場合には、適用しない。

> **第299条**
> **留置権者による費用の償還請求**
> 1 留置権者は、留置物について必要費を支出したときは、所有者にその償還をさせることができる。(以下条文略)

きは、所有者にこの費用の支払いを求めることができます。例えば、留置のために保管場所を借りた場合、Cさんにこのレンタル代を請求できます。

留置権は、債権**全額の支払い**を受けた場合に**消滅**します。また、債務者は**相当の担保**を提供して、留置権の**消滅**を**請求**できます。

例えばCさんが「10万円の都合がつくまで、30万円で買ったロレックスの腕時計を預けておくよ」と自動車修理工場に渡し、工場側が承諾すれば、留置権は消滅し、Cさんは10万円全額を支払わなくてもクルマを返してもらうことができるのです。

留置権は**占有の喪失**によっても消滅します。

留置権を行使したからといって、"勝手にどうこうする"ということはできないんですね。

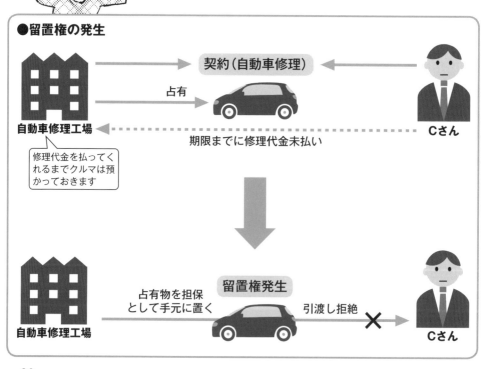

●留置権の発生

第2章・物権

15 先取特権

先取特権とはどんな権利？

ほかの債権者よりも先に債務の弁済を受けられる

債権の回収額は「多いもの勝ち」とは限らない

KEY WORD
債権者平等の原則
債務者の破産や強制執行において、債権の額や発生時期にかかわらず、債権者を平等に扱う原則。100万円の財産をもつ債務者に、ABCが各々、100万円、60万円、40万円の債権をもっていれば、破産などの手続では、債権額に比例配分した額として、各々、50万円、30万円、20万円の配当を受けることになる。

　多重債務者が借金を返せなくなったとします。債権者たちはどれだけの弁済を受けられるでしょうか。

　もし、債務者の財産が債権総額より少なければ、債権者たちには、その財産から各々の債権額に応じて比例配分した額が配当されます（**債権者平等の原則**）。

　その例外として、質権や抵当権をもつ債権者は、担保にとった財産から他の債権者に優先して弁済を受けます（優先弁済効。P75）。

　また、法律が特に保護した一定の債権をもつ者は、他の債権者に優先して債務者の財産から弁済を受けることができます。これを**先取特権**（さきどりとっけん）といいます。

82

会社が倒産したら会社の借金より社員の給料が優先

　先取特権とは、法律が定める**特別な債権**をもっている者が債務者の財産の中から**優先弁済**を受ける権利のことです。先取特権は、債権額の大小に影響はされません。

　例えば、Dさんが勤めている会社が倒産したとします。Dさんの先月分の給料20万円は未払いのままとなりました。一方、Dさんが勤めている会社に1000万円を貸しているT社という金融業者が「金を返せ」と乗り込んできました。

　債権額を見れば、Dさんが回収できる金額はT社の50分の1ですが、給料債権には先取特権が認められています。したがって、裁判所による破産手続の中で、Dさんの会社に対する債権は、会社に残されている財産から優先的に弁済を受けることができるのです。

> **第303条**
> **先取特権の内容**
> 先取特権者は、この法律その他の法律の規定に従い、その債務者の財産について、他の債権者に先立って自己の債権の弁済を受ける権利を有する。

そっか、給与は「一般先取特権」のうちの"雇用関係"にあたるから優先的に弁済を受けることができるんですね!

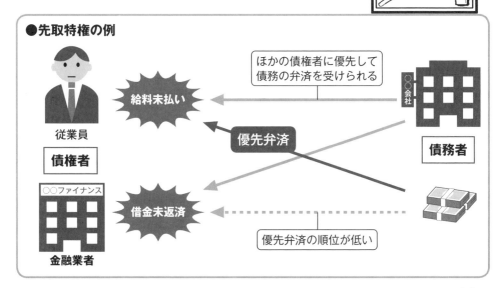

●先取特権の例

先取特権の中にも優先順位がある

先取特権は、大きく**一般先取特権**と**特別先取特権**の2つに分かれます。さらに特別先取特権は、**動産先取特権**と**不動産先取特権**の2つに分かれます。

一般先取特権とは、債務者のすべての財産を対象としています。ここで民法が定めている債権の種類は、①共益費用、②雇用関係、③葬式の費用、④日用品の供給の費用です。

動産先取特権は債権者の特定の動産を対象にしています。その種類は下の図のとおり8つあります。不動産先取特権の種類は、下の図のとおり3つです。

債務者の財産に複数の先取特権がある場合は、共益費用を除いて一般先取特権より**動産先取特権が優先**されます。

先取特権を行使して優先的に弁済を受けるには、自分やほかの債権者が裁判所に債務者の財産について競売を申し立てることが必要になります。

📖 **第306条**
一般の先取特権
次に掲げる原因によって生じた債権を有する者は、債務者の総財産について先取特権を有する。
① 共益の費用
② 雇用関係
③ 葬式の費用
④ 日用品の供給

🗝 **KEY WORD**
共益費用
同一の債務者に対する各債権者の共同の利益のために支出された費用のこと。

●**先取特権の種類**

　　　　　　　　　　　　　特別先取特権

一般先取特権	動産先取特権	不動産先取特権
①共益費用 ②雇用関係 ③葬式の費用 ④日用品の供給	①不動産の賃貸借費用 ②旅館の宿泊料 ③旅客・荷物の運送費 ④動産の保存費用 ⑤動産の売買代金 ⑥種苗・肥料の代金 ⑦農業の労賃 ⑧工業の労賃	①不動産の保存費用 ②不動産の工事費用 ③不動産の売買費用

第2章・物権

16 質権

質権とはどんな権利？

債務の弁済がなければ質物を売った代金で満足する

質権は当事者間の契約によって生じる

　質権とは、債務者の物を担保として**留置**し、もし弁済がない場合はその物を売却し、その売却代金からほかの債権者に**優先して弁済**を受けることができる担保物権をいいます。弁済があるまで担保目的物を手元に置いておける点は留置権と同じです。異なるのは、債務の弁済がなければ質権の目的物を売った代金から優先的に債権の満足を得ることができる点です。つまり債務者に対し、「債務を弁済してくれなければ担保にとった目的物を売ってしまうぞ」というメッセージを送り、債務の履行を債務者に迫ることができるのです。

　前のページで説明した留置権と先取特権は、法律の規定によって生じる法定担保物権であるのに対し、質権は

📖 **第342条**
質権の内容
質権者は、その債権の担保として債務者又は第三者から受け取った物を占有し、かつ、その物について他の債権者に先立って自己の債権の弁済を受ける権利を有する。

🔑 **KEY WORD**
質屋
物（ブランド品・ゴルフ会員権・株式など）を質として担保にとることで金銭を融資する事業者。

当事者の契約（質権設定契約）によって生じる**約定担保物権**です。

 質権は動産質、不動産質、権利質の3種類

質権には、**動産質**、**不動産質**、**権利質**の3つがあります。

動産質とは、動産を目的とした質権をいいます。質権設定契約が成立するためには、当事者の意思の合致に加えて、質権者となる人に動産を**引き渡す**ことが必要です。これを**要物契約**といいます。質権者に引き渡された物を**質物**といいます。質権者は質権設定契約によって、質物を継続して占有することができます。

不動産質とは、不動産を目的とした質権をいいます。債権者は質権設定契約によって土地や建物を**登記**し、対抗要件とすることができます。また、担保にとった土地や建物を**使用**したり、そこから**収益**を得ることもできます。

権利質とは、財産権を目的とした質権をいいます。目

 KEY WORD
質物
「しちぶつ」といい、不動産、動産を問わず質として入れる物を指す。質草・質種と同じ。民法では債権の担保として債務者から受け取った物をいう。

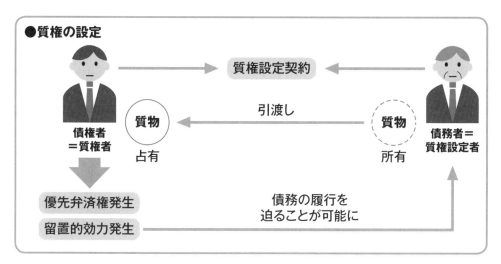
●質権の設定

> **KEY WORD**
> **無体財産権**
> 具体的には特許権や実用新案権、意匠権、著作権など知的財産権全般を指す。

的となるのは、**債権**や**株券**、**無体財産権**などです。例えば、株を担保にお金を借りるような場合です。権利質は、第三債務者への**通知**か、第三債務者の**承諾**を対抗要件としています。

弁済期が過ぎると競売や取立てが行われる

もし、弁済期が来ても債務が弁済されないと質物はどうなるでしょう。動産質、不動産質の場合、競売されたり、債権者の物となってしまいます。また、権利質の場合は、第三債務者に対して直接取立てを行うことができます。

> **KEY WORD**
> **第三債務者**
> 債務者に対して債務を負う者のこと。

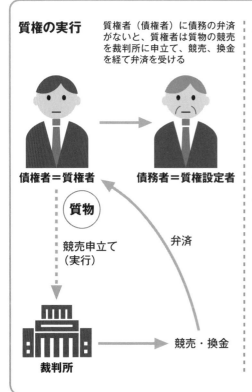

質権の実行 質権者（債権者）に債務の弁済がないと、質権者は質物の競売を裁判所に申立て、競売、換金を経て弁済を受ける

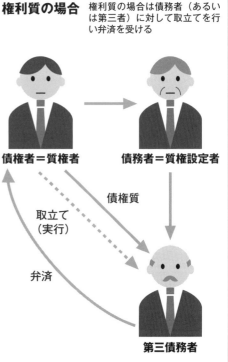

権利質の場合 権利質の場合は債務者（あるいは第三者）に対して取立てを行い弁済を受ける

第2章・物権
17 抵当権

抵当権とはどんな権利？

担保不動産を引き渡されずに優先的に弁済を受けられる

📖 第369条
抵当権の内容
1　抵当権者は、債務者又は第三者が占有を移転しないで債務の担保に供した不動産について、他の債権者に先立って自己の債権の弁済を受ける権利を有する。(以下条文略)

📖 第370条
抵当権の効力の及ぶ範囲
抵当権は、抵当地の上に存する建物を除き、その目的である不動産(以下「抵当不動産」という。)に付加して一体となっている物に及ぶ。(以下条文略)

 担保である不動産の引渡しは行われない

抵当権も質権と同じ約定担保物権です。

　抵当権の特徴は、債務の担保となるのが主に**不動産**であること、そして、債権者は債務者から不動産の**引渡しを受けない**ことです。抵当権は、担保となる不動産の価値に着目しているのです。もし債務者が弁済期を過ぎても弁済できない場合、担保である不動産を債務者の下にとどめたまま、債権者はその不動産を売却し、その売却代金からほかの債権者に優先して弁済を受けることができます。

　担保権者の最大の関心は、債務を弁済してもらうことであり、不動産の引渡しではありません。弁済がないときに不動産を売却してお金に換えることができればよい

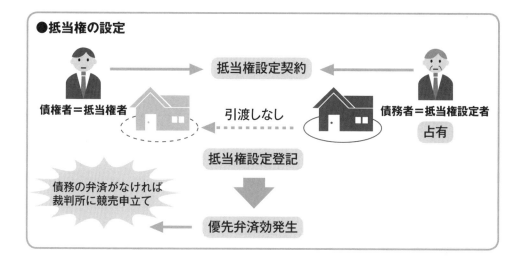

のです。一方、債務者にとっては、自分の土地や建物を使用したり、そこから収益を上げたりすることを続けながら債務の弁済ができるというメリットがあります。

抵当権は担保物権の中でも、以上のような経済的合理性があるので、住宅ローンなどで幅広く用いられています。

 抵当権の目的物が火災保険に入っていれば

抵当権は、債権者である抵当権者と、担保となる不動産の所有者である抵当権設定者との契約によって設定されます。これを**抵当権設定契約**といいます。

抵当権が設定されると、債権者は抵当権設定**登記**をします。もしその不動産を所有者が他の者に譲渡したとしても、登記をしているので、譲り受けた人に抵当権を対抗することができるのです。

では、もし抵当権が設定されている家が火事で焼失してしまったら、抵当権はどうなるでしょう。

家が**火災保険**に入っていれば、抵当権者は、その火災

> 📖 **第177条**
> **不動産に関する物権の変動の対抗要件**
> 不動産に関する物権の得喪及び変更は、不動産登記法（平成16年法律第123号）その他の登記に関する法律の定めるところに従いその登記をしなければ、第三者に対抗することができない。

🗝 **KEY WORD**
火災保険
基本的には火災の発生によって生じた建物の損壊などを填補する保険。保険の種類によっては火災だけでなく、車両の衝突事故や台風、落雷などに対応するものもある。

保険金についてほかの債権者より優先して支払いを受けることができると考えられています。

それはなぜでしょうか。抵当権は、その目的となる物が売却されたり、賃貸されたり、破損したりすることによって金銭や他の物に代わったとしても、その金銭などの上に効力が及ぶからです。これを**物上代位**といいます。

抵当権が設定されている家が賃貸されている場合は、債権者はその賃料から優先して支払いを受けることができると考えられています。

> **KEY WORD**
> **物上代位**
> 抵当権が設定されている物が消失したり売却されたとき、それによって得られる火災保険金や損害賠償金、売却代金にまで担保物権の効力が及ぶこと。

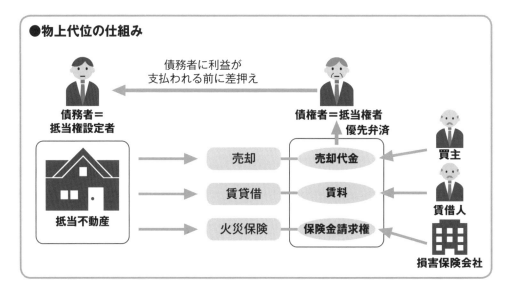

●物上代位の仕組み

弁済を受ける順番は早く登記した債権者順になる

抵当権の特徴は、担保となる不動産に対して**複数の債権者が抵当権を設定できる**ことです。債権者が優先的に弁済を受けることができる順番は、登記した日の順番となります。

> **第373条**
> **抵当権の順位**
> 同一の不動産について数個の抵当権が設定されたときは、その抵当権の順位は、登記の前後による。

例えば、Bさんが2000万円の価値がある土地に抵当権を設定し、これを登記して、銀行Xから1000万円を借りたとします。後日、Bが別の金融業者Yとも抵当権設定契約をし、2000万円を借りたとします。もしBさんが借りたお金を返すことができなくなった場合、銀行Xと金融業者Yとでは、どちらが先に債務の弁済を受けることができるでしょう。答えは銀行Xです。金融業者Yは、銀行Xよりも債権額が多いからといって、先に弁済を受けることはできません。抵当権設定の額は問題にはならないのです。

担保にとった不動産の売却は裁判所が行う

債務者が債務を履行できなくなれば、抵当権者は抵当権設定契約に基づき、抵当権の付いた不動産を売って、その代金から弁済を受けることになります。債権者は優先弁済権を行使する手続に入るのです。これを**抵当権の実行**といいます。

抵当権の実行にあたっては、債権者は担保にとった不動産を勝手に売ることはできません。民事執行法の規定にのっとり、裁判所が行うことになります。

抵当権が実行されると、裁判所によって競売開始の決定が行われ、その不動産は差し押さえられます。その後、競売が行われ、買い手となる**買受人**(かいうけにん)が代金を裁判所に納め、その不動産の所有権を得ることで、抵当権は消滅します。

一方、裁判所はこの代金を債権者に分ける配当手続を行い、債権者は抵当権を設定していないほかの債権者に

KEY WORD
民事執行法
強制執行や競売などを定める法律。

KEY WORD
競売
債権者の申立てによって、裁判所を通じ担保の目的物となっている不動産を強制的に売却してもらう手続。

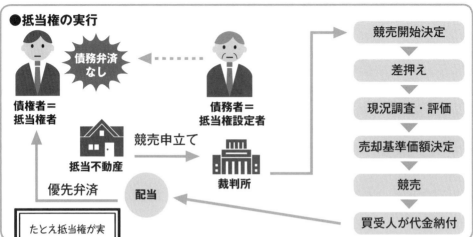

たとえ抵当権が実行されたとしても、競売での売却額が債務額の満額にいたらなかった場合、債務は消滅しません。

第398条の2 根抵当権
1 抵当権は、設定行為で定めるところにより、一定の範囲に属する不特定の債権を極度額の限度において担保するためにも設定することができる。
（以下条文略）

優先して債務の弁済を受けることになります。

 ### 一定の限度額を決めて設定する根抵当権

不特定の債権に対して一定の限度額（極度額）を決めて設定する抵当権を**根抵当権**といいます。

例えば、ある経営者が事業資金を金融機関から借りる場合、新たな借入をするたびに、抵当権を消滅させたり設定し直したりしていたのでは手間がかかります。そこで、この経営者と金融機関との間での継続的な取引から生じる債権を被担保債権とすれば、実務上の手間も省けます。

根抵当権を設定できるのは、次の5つのものに限られています。①債務者との特定の継続的取引契約により生じた債権、②債務者との一定の種類の取引により生じた債権、③特定の原因に基づき債権者・債務者間に継続して生じる債権、④手形上または小切手上の請求権、⑤電子記録債権です。

伊藤先生のズバリ回答　物権編

物を盗んで隠し持っていても「占有」なの？

占有とは、事実として自分のために物を支配している状態を指します。事実として物を支配していれば、その物を買ったのか、借りたのか、譲り受けたのか、盗んだのかは問いません。所有権などの本権とは別の考え方に基づく権利なのです。

他人の傘を間違って持っていったら所有権は取得できるの？

即時取得によって動産の所有権を得るためには、それが取引行為であること、善意かつ無過失であることが条件です。他人の傘を持ち帰った行為は取引行為ではありません。また、自分のものではないことを知りながら持っていったとすれば、善意にもあたらないので傘の所有権を得ることはできません。

1つの指輪を2人にあげる約束をしたらどうなるの？

指輪は動産であり、動産は引渡しによって第三者に対し権利を主張できます。1つの指輪を2人にあげるなど、二重譲渡の約束をした場合、原則として、先に物を引き渡された人の勝ちです。「それは私がもらうはずだったのに」と悔しがっても権利は主張できないのです。

抵当権の順位はどうやって決まるの？

抵当権が登記された順番によります。最初に登記された抵当権が1番抵当権、次に登記された抵当権が2番抵当権となり、以下順番に下がっていきます。1番抵当権者が債権全額について優先的な弁済を受け、2番抵当権者以下は、その残額から配当を順番に受けることとなります。

「物を使用収益する」とはどういう意味？

所有物を自分のために使うことを「使用」といいます。所有物から生まれる果実を手にすることを「収益」といいます。収益の例としては、畑から作物を収穫する、家を貸して家賃収入を得る、お金を貸して利息を取るなどがあります。

3章

債権

ここでは債権の効力や消滅など、契約や法律によって発生する権利や義務について解説します。

第3章・債権

18 債権

債権とは何？

他人に一定の行為を求めることができる権利

一定の行為を請求できるのが債権者 請求されるのが債務者

第399条
債権の目的
債権は、金銭に見積もることができないものであっても、その目的とすることができる。

給付
一般的には、お金や物品などを支給すること。民法で使う場合は、「返す」「支払う」など債務者が義務として行うことをいう。

　第1章の「総則」で、権利義務の主体は「人」であることを説明しました。**債権**とは、**特定の人に一定の行為を求める**権利をいいます。

　「貸したお金を返してくれ」「代金を支払ってくれ」というのが典型例です。反対に「してはいけない」と求める債権もあります。アパートの賃貸借契約の際に「ペットを飼ってはいけない」と借家人に求める例がそれです。

　「お金を返す」「代金を支払う」などの行為を**給付**といいます。債権を有する者を**債権者**、債権者に対して一定の行為（給付）をする義務を負う者を**債務者**といいます。債務者が債権者に対してなすべき給付をしないことを債

務不履行といいます。

　債務は、物の引渡しなど**与える債務**と、労務の提供などを行う**なす債務**に大きく分けられます。なお、債権の目的物は、具体的な取引において当事者がその物の個性に着目した場合と、そうでない場合に分かれます。前者を**特定物**、後者を**不特定物（種類物）**といいます。

> KEY WORD
> **債務不履行**
> 債務不履行は、履行期に履行可能であるにもかかわらず履行しない「履行遅滞」、債務の履行が不可能となってしまった「履行不能」、履行はしたが取決めどおりの履行がされない「不完全履行」の3つからなる。

 同じ人に対し同じ内容の債権が成立する

　債権と物権の違いについて見てみましょう。物権に関しては、1つの物に対し同じ内容の物権は成立しません（一物一権主義）が、債権に関しては、同じ人に対し同じ内容の債権が成立します。言い換えれば、物権には排他性があり、債権には**排他性がない**のです。

　例えば、Aさんが、自己の所有する甲土地をBさんに売却する契約をした後に、同じ甲土地をCさんにも売却する契約をしたとします。この場合、BさんもCさんも、Aさんに対して、甲土地を引き渡せと請求できる債権を取得します。債権には排他性がないからです。

　ただし、現実に甲土地は1つしかないので、AさんがBさんに甲土地を引き渡し、Bさんが登記を備えると、AさんがCさんに甲土地を引き渡すことは、社会通念上不可能になります。所有権という物権には排他性があるためです。これにより、CさんはAさんに対して土地の引渡請求権という債権を失う代わりに損害賠償請求権という債権を取得し、CさんはAさんに、自分が被った損害を賠償するように請求できます。

> KEY WORD
> **債権と排他性**
> 排他性とは、同じ対象物に関して、同じ権利が成り立たないことをいう。債権には排他性がないため、同一の債務者に対して同じ内容の債権が複数成立することもある。

金銭債権と利息債権

さきほどのCさんの損害賠償請求権がそうであったように、トラブルが発生した場合の利益調整手段としては、**金銭債権**が重要な役割を果たします。これは、金銭の給付を目的とする債権です。例えば、貸したお金を返してもらうことを内容とする債権は、金銭債権の一種です。

ところで、お金の貸借をするときに、借りたお金に利息をつけて返す約束で貸す場合があり、利息の支払いを目的とする債権を**利息債権**といいます。利息債権は、当事者間の合意によって発生する場合もあれば、法律上当然に発生する場合もあります。その際の利率は、合意によって決めることもできますが、特に定めがない場合には、法律で定められた利率（これを**法定利率**といいます）を適用することになります。従来、民法上の法定利率は、年5分（5％）とされていましたが、市中金利を大きく上回る状況が続いており、改正民法では、施行時は年3％、その後3年毎に法定利率を見直すようになりました。

> **第419条**
> **金銭債務の特則**
> 1　金銭の給付を目的とする債務の不履行については、その損害賠償の額は、債務者が遅滞の責任を負った最初の時点における法定利率によって定める。ただし、約定利率が法定利率を超えるときは、約定利率による。
> （以下条文略）

> **第404条**
> **法定利率**
> 1　利息を生ずべき債権について別段の意思表示がないときは、その利率は、その利息が生じた最初の時点における法定利率による。
> （以下条文略）

●給付から見た債務の分類

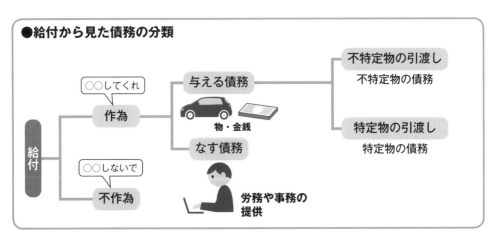

第3章・債権
19 債権の効力

履行の強制と債権回収

債権者は法の手続にのっとり債務の履行を強制できる

KEY WORD

履行
決めたことや約束ごとをそのとおりに行うことをいう。民法では、債務者が債務の内容を給付することを指す。

 ### 債務者が約束を守らないと債務不履行に

債権は、他人に一定の行為を求めることができる権利でした。そして、債務者が約束どおり、自発的に債務を履行し終われば、債権は消滅します。しかし、債務者が約束を守れなくなったり、約束の期日に遅れたりすれば**債務不履行**となります。このとき、債権者は後述する**債務不履行責任**を追及することもできますが、法の手続にのっとり、債務者に債務の**履行**を**強制**することもできます。

 ### 国の機関の力を借りて債務の履行を強制できる

債務の履行を強制する手段のうち、いちばん強い力をもつのが**強制履行**です。債権者は、債務の履行を強制するよう、国の機関に働きかけることができるのです。

債務の履行を強制するために通常よく行われるのは、債権者が裁判所に申立てをし、債務者の財産や預金を**差し押さえて**債務の弁済に充てる方法です。

「強制」という言葉から、債務者はとことん追い詰められるという印象をもつ人もいるかもしれません。しかし、もし強制履行の制度がなければ、無法な取立てが債務者に及んでしまう可能性もあります。そこで、民法は、国の機関が権力的に債権実現を手助けする一方で、債務者の人権や人格を尊重する配慮をしながら強制履行の手続を定めているのです。

強制履行には、主として直接強制、代替執行、間接強制の3つの方法があります。

直接強制とは、裁判所の執行官が債務者の財産や身体に対して直接的に強制力を行使することをいいます。

代替執行とは、債務者に代わって第三者に債務を履行させ、その費用を債務者から取り立てることです。

KEY WORD

差押え
債権者が裁判所の力を借りて債務者の財産の使用を禁じること。

第413条
受領遅滞

1 債権者が債務の履行を受けることを拒み、又は受けることができない場合において、その債務の目的が特定物の引渡しであるときは、債務者は、履行の提供をした時からその引渡しをするまで、自己の財産に対するのと同一の注意をもって、その物を保存すれば足りる。

2 債権者が債務の履行を受けることを拒み、又は受けることができないことによって、その履行の費用が増加したときは、その増加額は、債権者の負担とする。

● 強制的な債権の実現

任意の履行なし

不特定物の債務 → 履行の強制（直接強制／代替執行／間接強制）
特定物の債務 →
金銭債務 →

金銭による損害賠償請求にかわることがある

代替執行とは例えば"第三者に廃棄させてその代金を債務者に請求する"場合などがあてはまります。

また、**間接強制**とは、債務が履行されるまで、一定額の金銭の支払い義務を負わせることで債務者に心理的プレッシャーをかけ、自発的な支払いを促すことをいいます。

強制履行の前提として、当事者間に債務の内容自体について争いがある場合もあります。そのときはまず、訴訟を通じてその内容を確定しておかなければなりません。訴訟よりも簡易な調停などの手続を通じて債務内容を確定する手段もあります。

債権者が履行の提供を拒むと責任が生じる

債務者は、債務を履行して消滅させれば義務から解放されますが、債権者が履行の提供を拒んだり、債権者の都合で債務の履行が遅れたらどうなるでしょう。この場合、債権者に責任が生じます。これを**受領遅滞**(じゅりょうちたい)といいます。

KEY WORD

調停
当事者間で紛争の自主的な解決ができないときに、裁判所が間に入って、当事者の自主的な紛争の解決を手助けする手続。

第413条の2
履行遅滞中又は受領遅滞中の履行不能と帰責事由
1　債務者がその債務について遅滞の責任を負っている間に当事者双方の責めに帰することができない事由によってその債務の履行が不能となったときは、その履行の不能は、債務者の責めに帰すべき事由によるものとみなす。
2　債権者が債務の履行を受けることを拒み、又は受けることができない場合において、履行の提供があった時以後に当事者双方の責めに帰することができない事由によってその債務の履行が不能となったときは、その履行の不能は、債権者の責めに帰すべき事由によるものとみなす。

第3章・債権

20 債務不履行

債務不履行と損害賠償請求

債務不履行になると債権者は債務者に損害賠償を請求できる

債務不履行には3つのパターンがある

債務不履行には3つのパターンがあります。

例えば、AさんがBさんに「3月31日までに骨董の壺を引き渡す」という約束をしました。しかし約束の期日までにこの壺を引き渡しませんでした。このように、債務の履行が約束の日より遅れたような場合が**履行遅滞**です。このように債務の履行をすべき時期を**履行期**といいます。このケースでは3月31日です。そして、履行期を過ぎることで債務不履行になるのです。もし、AさんとBさんの間で履行期を決めなかった場合は、AさんがBさんから「骨董の壺を約束どおり引き渡してくれ」と履行の請求を受けた時から履行遅滞になります。

また、Aさんの家が火事になり、壺が跡形もなく焼失

📖 **第412条**
履行期と履行遅滞

1 債務の履行について確定期限があるときは、債務者は、その期限の到来した時から遅滞の責任を負う。
2 債務の履行について不確定期限があるときは、債務者は、その期限の到来した後に履行の請求を受けた時又はその期限の到来したことを知った時のいずれか早い時から遅滞の責任を負う。
3 債務の履行について期限を定めなかったときは、債務者は、履行の請求を受けた時から遅滞の責任を負う。

106

してしまったらどうなるでしょう。このように引き渡す約束をした物が引き渡せなくなってしまう場合を、**履行不能**といいます。

　履行不能は通常**特定物債権**について生じます。不特定物債権については、原則として履行不能は生じません。なぜなら、AさんがBさんに引き渡そうとしていた骨董の壺のような特定物は、この世にたった1つしかない物だからです。もし、骨董の壺ではなく市販のワイングラスだったとしたら、Aさんは代わりの物を買ってBさんに引き渡せば債務を履行することができるのです。

　3つ目のケースは、引き渡されたものにキズがあった場合です。これを**不完全履行**といいます。例えば、AさんがBさんに引き渡した市販のワイングラス10個中2個にひびが入っていて、使い物にならない場合がこれにあたります。

 損害賠償を請求できる条件とは

　このように債務不履行に陥った場合、債権者は債務者に何ができるのでしょうか。債務不履行の効果は何かということです。債務不履行のパターンごとに違いますが、共通するのは**損害賠償請求権**が発生することです。

　代金を払っていたのに壺が焼失すれば、Bさんは少なくとも代金分の損害を受けます。また、約束どおり骨董の壺を受け取りに行ったのに引き渡してもらえなかったら、交通費などの損害を被ります。これらをお金で埋め合わせて損害を回復するのが損害賠償です。

　債務不履行責任が成立するには、3つのどのパターン

KEY WORD
特定物債権
取引において当事者がその物の個性に着目した物の引渡しを内容とする債権。特定物は通常は、引き渡す物について代わりがない不代替物です。

KEY WORD
不特定物債権
当事者がその物の個性に着目していない物の引渡しを内容とする債権。不特定物は通常は引き渡す物につき代わりの物がある代替物です。

📖 **第417条**
損害賠償の方法
損害賠償は、別段の意思表示がないときは、金銭をもってその額を定める。

📖 **第415条**
債務不履行による損害賠償
1　債務者がその債務の本旨に従った履行をしないとき又は債務の履行が不能であるときは、債権者は、これによって生じた損害の賠償を請求することができる。ただし、その債務の不履行が契約その他の債務の発生原因及び取引上の社会通念に照らして債務者の責めに帰することができない事由によるものであるときは、この限りでない。
（以下、次ページ）

> **第415条**
> **債務不履行による損害賠償**
> （つづき）
> 2　前項の規定により損害賠償の請求をすることができる場合において、債権者は、次に掲げるときは、債務の履行に代わる損害賠償の請求をすることができる。
> ①　債務の履行が不能であるとき。
> ②　債務者がその債務の履行を拒絶する意思を明確に表示したとき。
> ③　債務が契約によって生じたものである場合において、その契約が解除され、又は債務の不履行による契約の解除権が発生したとき。

物理的な損害だけでなく、精神的な損害（ダメージ）に対しても損害賠償請求ができるのです。

でも**債務者の責めに帰すべき事由（帰責性）**が必要です。債務者のせいでもない損害まで責任を負わせるのは債務者に酷だからです。したがって、壺が焼失した原因がAさんの火の不始末ならば、Aさんに帰責性があるので債務不履行責任が成立し、Bさんは損害賠償を請求できます。しかし、近所の火事に巻き込まれたならば、壺の焼失は防ぎようがないのでAさんには帰責性がなく、損害賠償請求はできません。

なお、賠償すべき損害の範囲は無制限ではなく、原則として通常生じる損害（**通常損害**）に限定されます。

損害賠償は金銭で行う

損害賠償は、特に当事者間の意思表示がないときは**金銭**で行うのが一般的です。損害賠償にはいくつかのパターンがあります。例えば、債務の履行が遅れたことによる**遅延賠償**です。特に債務がお金の給付である場合に支払われる損害賠償金を**遅延損害金**といいます。また、**填補賠償**もあります。履行不能などで、本来の給付の代わりにお金で賠償する場合です。なお、精神的にダメージを受けた場合の損害賠償金を**慰謝料**といいます。

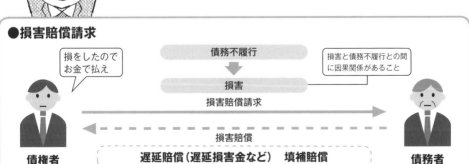
●損害賠償請求

第3章・債権
21 保証債務
保証・連帯保証と保証人の責任
債務者に代わって保証人が債務を履行する

保証人になれば債務者と同じ責任を負う

KEY WORD

保証
民法では、債務者が債務を履行しなかった場合、肩代わりをして債務を履行することをいう。

第446条
保証人の責任等
1　保証人は、主たる債務者がその債務を履行しないときに、その履行をする責任を負う。
2　保証契約は、書面でしなければ、その効力を生じない。
（以下条文略）

　債務者が債務を履行しないとき、他の者が債務者に代わって債務を履行することがあります。例えば、Dさんが貸金業者Zに借金を返済できないとき、Dさんに代わってEさんが借金を肩代わりするという保証契約の合意がある場合です。Dさんの貸金業者Zに対する債務を**主たる債務**、Dさんを**主たる債務者**、Eさんの貸金業者に対する債務を**保証債務**、Eさんを**保証人**と呼びます。

　保証債務の内容は、原則として**主たる債務と同じ**です。Dさんが貸金業者Zに対する100万円の債務を弁済しなければ、Eさんがこの100万円を弁済しなければなりません。一方、主たる債務者の債務が消滅すれば、保証債務も消滅しますし、Dさんが貸金業者Zへすべての借金

110

を返済すれば、Eさんの保証人としての役目も終了します（**保証債務の付従性**）。また、主たる債務について債権譲渡などが行われれば、保証人も新しい債権者との関係で債務を保証することになります（**保証債務の随伴性**）。

 ## 保証人には抗弁権が認められている

保証債務は、あくまで主たる債務が履行できなくなったとき、その**補充**のために履行されるものです。したがって、債務者が遅滞なく債務の弁済を続けている限り、保証人に請求することはできません。

例えばEさんの方がDさんよりも収入や財産がある場合でも、貸金業者ZはDさんを差し置いてEさんに請求することはできないのです。もしEさんに請求してきたり、強制執行をしてきた場合は、Eさんは「まずDさんに催促したり、財産差押えを検討してくれ」と言えます。前者を**催告の抗弁**、後者を**検索の抗弁**といいます。

 ## 連帯保証人は大きな責任とリスクを負う

一方、保証人が主たる債務者と連帯して債務を負担することを**連帯保証**といいます。連帯保証をした者を**連帯保証人**といいます。

通常保証と連帯保証との大きな違いは、通常保証の保証人には催告・検索の抗弁権が認められていますが、連帯保証人にはこれらの**抗弁権が認められていない**ことです。したがって、主たる債務者が債務不履行になったとき、債権者は主たる債務者を差し置いて、いきなり連帯保証人に弁済を請求することもできます。

KEY WORD

抗弁権
請求権の行使に対してそれを阻止し、請求を拒むことができる権利。

KEY WORD

催告の抗弁権
保証人が債権者から履行請求を受けた際、まず主債務者に催告するよう請求できるという抗弁権。

KEY WORD

検索の抗弁権
債権者が主債務者に催告した後でも、保証人は主債務者に弁済の資力があり、かつ、執行が容易なことを証明して、まず主債務者の財産について執行すべきことを主張できるという抗弁権。

KEY WORD

連帯保証
連帯保証には通常保証とは異なり催告の抗弁権や検索の抗弁権がない。よって、もし主債務者が資力があるにもかかわらず意図的に履行を滞らせたり、拒否した場合、連帯保証人は問答無用で債権者からの要求に応じる必要がある。

連帯保証人はこれに対して文句を言うことはできません。弁済できなければ、強制執行によって財産が差し押さえられる可能性もあります。連帯保証は**債権者にとっては有利**ですが、**連帯保証人は大きな責任を負う**のです。

1つの主たる債務について複数の保証人がいることを**共同保証**といいます。この場合、例えば100万円の主たる債務に対して2人の保証人がいれば、原則として1人あたり均等に割った50万円を負担します。これに対し連帯保証でかつ共同保証の場合は、連帯保証人がそれぞれ独立して債務を負い、全額100万円が保証の対象です。

公正証書作成の義務付け

個人的な付合いなどから保証人となった者が、想定外の債務を負い、生活の破綻に追い込まれるケースが後を絶ちません。そこで、改正民法では保証人保護のため、事業のために融資を受ける場合の保証人が第三者(法人以外の個人)である場合、保証人の意思確認のため公正証書を作成しなければならないとされています。

> 📖 **第465条の6**
> **公正証書の作成と保証の効力**
> 1 事業のために負担した貸金等債務を主たる債務とする保証契約又は主たる債務の範囲に事業のために負担する貸金等債務が含まれる根保証契約は、その契約の締結に先立ち、その締結の日前1箇月以内に作成された公正証書で保証人になろうとする者が保証債務を履行する意思を表示していなければ、その効力を生じない。
> (以下条文略)

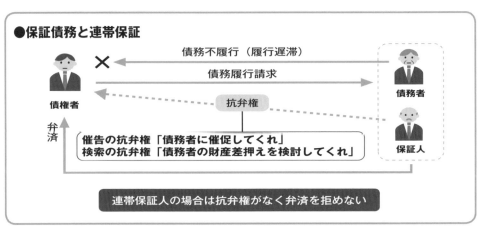

●保証債務と連帯保証

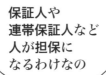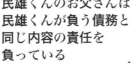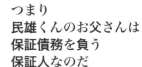

第3章・債権

22 債権の移転

債権譲渡と債務引受

債権や債務は契約によって移転させることができる

債権は売り買いができる

債権や債務は、所有権と同様に、移転させることができます。債権の移転を**債権譲渡**、債務の移転を**債務引受**といいます。

債権譲渡とは、債権を契約によって**そのまま移転**させることです。例えば、ある会社Aがどうしてもお金が必要になり、Bさんに対する売買代金債権（売掛金）をCさんに譲渡してお金をもらい、それを運転資金に活用する場合などがこれにあたります。譲渡する前と譲渡した後の債権は、利息や期限などの内容は変わらず、債務者は同じ内容の給付を新しい債権者に行わなければなりません。なお、相続や企業の合併などでも債権は移転しますが、民法の債権譲渡とは違うことも知っておきましょう。

> **第466条**
> **債権の譲渡性**
> 1 債権は、譲り渡すことができる。ただし、その性質がこれを許さないときは、この限りでない。
> 2 当事者が債権の譲渡を禁止し、又は制限する旨の意思表示（以下「譲渡制限の意思表示」という。）をしたときであっても、債権の譲渡は、その効力を妨げられない。
> （以下条文略）

譲渡制限の意思表示

債権は、原則として譲渡することができます。例外として、性質や法律によって譲渡が許されない債権は譲渡することができません。

当事者が意思表示によって譲渡を制限することがあります。このような譲渡制限の意思表示について、改正民法は、債権譲渡の効力を妨げないとしました。その代わり、債務者を保護するため、一定の場合に、譲受人に対する債務の履行を拒絶することができるとしました。

譲受人が権利を主張するには手続が必要

債権譲渡は、債権の譲渡人と譲受人との合意のみで成立します。ただ、譲受人が**債務者**に権利を主張するためには、譲渡人が債務者に**通知**するか、債務者の**承諾**が必要です。これを**債権譲渡の対抗要件**といいます。

譲受人が**債務者以外の第三者**に対して権利を主張する

KEY WORD
確定日付
証書の作成日付につき、法律上証拠力があると認められる日付。公正証書や内容証明郵便の日付などがこれにあたる。

KEY WORD
電子公証サービス
電子的な文章に対し、紙と同様の公証サービス、つまり公証人が文書の成立日（確定日付）や、内容を公的に証明し法律上の効力を確定させるサービス。遺言などの公正証書は対象からはずれる。

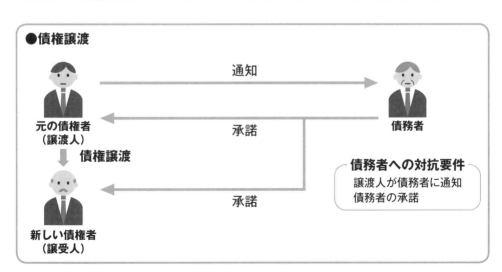

> **KEY WORD**
> **履行の引受**
> この場合、債務者と引受人の間での契約となるため、債権者から引受人に対し請求することはできない。

には、**確定日付のある証書**による通知または承諾が必要です。この「確定日付のある証書」は書面でなくてもよく、法人の債権譲渡では電子公証サービスによる電子文書も「確定日付のある証書」とみなされます。

 ## 債務を他の人に引き受けさせる契約もある

債権と同じように債務も契約によって移転させることができます。このような契約を、**債務引受**といいます。債務を譲り受ける側を**引受人**といいます。

いままでの債務者と新しい債務者が併存的に同じ債務を負担する場合もあります。これを**併存的債務引受**といいます。また、債務者から引受人に債務が移転したときに、債務者が債務の弁済から解放されることがあります。これを**免責的債務引受**といいます。

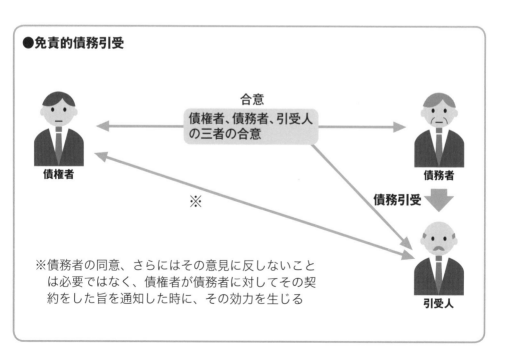

●免責的債務引受

合意：債権者、債務者、引受人の三者の合意

債権者　債務者　債務引受　引受人

※債務者の同意、さらにはその意見に反しないことは必要ではなく、債権者が債務者に対してその契約をした旨を通知した時に、その効力を生じる

第3章・債権

23 債権の消滅

弁済・代物弁済・供託

債権は弁済・代物弁済・供託などによって消滅する

第三者による弁済でも債権は消滅する

債権は、債務者が約束どおりに金銭を支払ったり、物を引き渡したりする義務を果たせば消滅します。債権も権利の1つなので、時効や取消しによっても消滅します。

債権が消滅する原因として最も重要なのが**弁済**です。弁済とは、債務者が債務の内容に従い、金銭を支払ったり、物を引き渡すという給付を行い、債権を消滅させることをいいます。

弁済と履行はほとんど同じ意味ですが、履行は給付のプロセスに重きを置いた表現であるのに対し、弁済は「債権の消滅」という視点に重きを置いた表現です。履行は「債務の履行」、弁済は「弁済の提供」というような使われ方をします。この使い分けを覚えましょう。

第473条
弁済
債務者が債権者に対して債務の弁済をしたときは、その債権は、消滅する。

KEY WORD

弁済
債務者あるいは第三者が給付の義務を果たすことを指す。内容としては「履行」と同じだが、弁済では"債務を消滅させる"という視点での状況をいう。

弁済は債務者本人だけでなく、第三者が行う場合もあります。この場合、債権者との関係で債権は消滅しますが、弁済をした第三者は債務者に対して立替払をしたような関係に立ちますから、出費した金銭の支払いを請求するでしょう。これを**求償権**といいます。この求償権の履行を確実にするために、民法では、弁済者が債務者に対して債権者がもっていた債権を行使することが認められています。これを**弁済による代位**といいます。

お金に代えて物でも弁済できる

債権が消滅する原因には、弁済のほかに**代物弁済**、**供託**などがあります。

代物弁済とは、読んで字のとおり、**本来の債務の弁済に代わって物で弁済することを約束する契約**をいいます。もちろん、債務者の一存で代わりの物を給付するわけにはいきませんから、代物弁済を行うには債権者と債務者が合意していなければなりません。現金で100万円を返してもらうはずだったのに、勝手にクルマを弁済に充てる、

KEY WORD
弁済者
債務を履行する者のこと。

第474条
第三者の弁済
1　債務の弁済は、第三者もすることができる。
2　弁済をするについて正当な利益を有する者でない第三者は、債務者の意思に反して弁済をすることができない。ただし、債務者の意思に反することを債権者が知らなかったときは、この限りでない。（以下条文略）

第482条
代物弁済
弁済をすることができる者（以下「弁済者」という。）が、債権者との間で、債務者の負担した給付に代えて他の給付をすることにより債務を消滅させる旨の契約をした場合において、その弁済者が当該他の給付をしたときは、その給付は、弁済と同一の効力を有する。

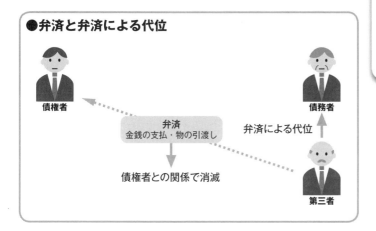

●弁済と弁済による代位

> **第494条**
> **供託**
> 1 弁済者は、次に掲げる場合には、債権者のために弁済の目的物を供託することができる。この場合においては、弁済者が供託をした時に、その債権は、消滅する。
> ① 弁済の提供をした場合において、債権者がその受領を拒んだとき。
> ② 債権者が弁済を受領することができないとき。
> 2 弁済者が債権者を確知することができないときも、前項と同様とする。ただし、弁済者に過失があるときは、この限りでない。

> 一言で「消滅原因」といっても、その原因にはいろいろありますので混同しないように！

というわけにはいかないのです。

また、代物弁済は、現実に物が債務者から債権者に引き渡されることによって初めて債権消滅という効力が発生します。それはなぜでしょう。例えば、債権者が債務者に対して100万円の債権をもっていれば、100万円の現金を渡すことが本来の弁済です。したがって、他の物を渡すことを合意しただけでは、債権消滅のためには不十分と考えられるからです。

債権者以外に金銭や物を預けて債権を消滅させる方法

供託とは、債権者が弁済の受取りを拒んだり、受取りができないとき、また債権者が誰だかはっきりしないときなどに、債務者が**弁済する物を供託所に預け、債権を消滅させる**方法です。債務者は供託することによって債務から解放されるのです。供託所といっても、そのような看板を掲げているわけではありません。供託所となるのは、金銭や有価証券ならば法務局や地方法務局、それ以外の物は法務大臣が指定する銀行や倉庫になります。

債権者が供託されたものから弁済を受けるときは、所定の手続に従って受け取ることになります。

●債権の消滅原因

弁済	債務の内容をそのまま実現
代物弁済	本来の債務に代えて別の物で債務を消滅させることを約束する契約
供託	弁済の目的物を別の場所（供託所）に預ける
相殺	お互いの債務を対当額で差し引きする
更改	新しい債務を成立させ元の債務を消滅させる
免除	債権者が債権を無償で消滅させる
混同	債権と債務が同じ人に帰属し消滅する

第3章・債権 24 契約① 契約とは何？
契約によって当事者の間に権利と義務が発生する

契約は当事者の間の合意で自由にできる

契約が成立するためには、**当事者間の意思表示の内容が合致**することが必要です。自然人も法人も、社会生活や経済活動において、様々な法律行為を行いますが、契約は、その法律行為のうちで最も重要なものです。

「意思表示の内容の合致」とはどういうことでしょうか。土地を売りたいAさんと、土地を購入したいBさんがいます。Aさんは1000万円で売りたいと考えていましたが、Bさんは700万円でどうか、とAさんに申し出ました。双方が提示する価格に開きがありましたが、交渉によって850万円で売買することでAさんとBさんの意思が合致しました。このように、当事者の間の意思表示が合致することによって契約が成立するのです。

KEY WORD
意思表示の合致
契約が成立するためには、申込みと承諾という対立する意思表示が合致しなければならない。

KEY WORD
私的自治の原則と契約
人は自分の意思で望んだときにだけ義務を負う、という私的自治の原則から見ると、契約は自分の意思で決めた約束によって、自らが拘束されること、と説明できる。

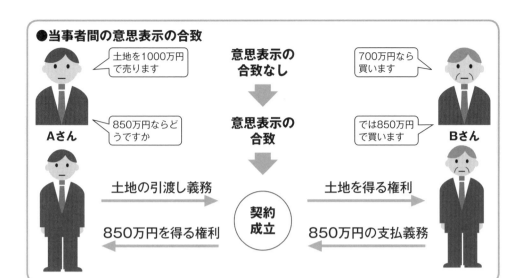

双務契約と片務契約

　先の例で、契約が成立すると、当事者には**権利と義務**が生じます。AさんにはBさんに土地を引き渡す義務が生じ、BさんにはAさんから土地を譲り受ける権利が生じます。一方で、BさんにはAさんに850万円を支払う義務が生じ、AさんにはBさんから850万円を受け取る権利が生じます。Aさん、Bさんそれぞれが互いに債権者であると同時に、債務者となるのです。このように、契約の当事者が互いに対価的な債務を負担する契約を**双務契約**といいます。売買（P142）や賃貸借（P154）、雇用や請負（P161）をはじめ、多くの契約は双務契約です。

　これに対し、当事者の一方しか債務を負担しない場合があります。これを**片務契約**といいます。贈与（P138）、消費貸借や使用貸借（P148）が、この片務契約です。負担付贈与（P140）は双方の義務が対価的ではないの

KEY WORD
契約締結の自由の規制
電気、ガス、水道、鉄道など公共的、独占的な事業では、契約当事者の一方に契約締結が強制されている。

KEY WORD
双務契約
契約の当事者が互いに対価的な債務を負担する契約。

KEY WORD
片務契約
物をタダで譲るなど契約の当事者の一方しか債務を負担しない契約。

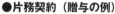

●双務契約（売買契約の例）

売主
- 目的物の引渡し義務
- 代金支払請求権

- 目的物の引渡し請求権
- 代金支払義務

買主

売買のほか、賃貸借・雇用・請負など

●片務契約（贈与の例）

受贈者

- 目的物の引渡し義務

贈与・消費貸借・使用貸借

贈与者

KEY WORD
有償契約
双務契約は互いに対価的な債務を負担するかを基準とするのに対して、有償契約では互いに経済的な反対給付をするかを基準とする点で異なる。

KEY WORD
書式（契約書）が必要な契約
保証契約や書面でする消費貸借では、契約が成立するために書面が必要とされている。このような契約を要式契約という。

KEY WORD
諾成契約
当事者の合意のみで成立する契約。

で、片務契約です。契約には**有償契約**と**無償契約**という分け方もあります。有償契約とは、**互いに出捐（経済的給付）**をする契約です。双務契約のほとんどは有償契約です。無償契約とは、一方のみが出捐をする契約です。その代表的なものが贈与契約です。

契約の内容や方式は原則として自由

「契約は契約書がなければ成立しない」と考えてしまうかもしれません。しかし、契約が成立するためには原則として契約書はなくてもかまわないのです（方式自由の原則）。口約束でも契約は成立するのです。

　契約が成立するためには、当事者間の意思表示の内容が合致する必要があるとともに、それで足りるのが原則だからです。このように意思表示の合致だけで成立する契約を**諾成契約**といいます。

　契約書を作るのは、「当事者の間の意思表示の合致」という目に見えないものを、目に見えるものにし、**証拠として残しておく**ためです。

第3章・債権 契約の成立と不成立

25 契約②

契約は当事者間の申込みと承諾によって成立する

相手が「いらない」と言えば契約は成立しない

第522条
契約の成立と方式
1　契約は、契約の内容を示してその締結を申し入れる意思表示（以下「申込み」という。）に対して相手方が承諾をしたときに成立する。
2　契約の成立には、法令に特別の定めがある場合を除き、書面の作成その他の方式を具備することを要しない。

　契約の成立について、もう少し詳しく説明しましょう。当事者間の意思表示の内容が合致することによって契約が成立するのでしたね。

　当事者間の意思表示は、例えば「売りたいので買ってほしい」という**申込み**と、それに対して「買おう」と同意する**承諾**によって合致します。申込みは、契約の内容を示してその締結を申し入れる意思表示であり、承諾は契約を成立させることを目的とした相手方の意思表示なのです。

　では、次にあげるケースは「申込み」でしょうか。

　例えばあるファミリーレストランチェーン店の店頭に時給1050円でアルバイト募集のポスターが出ている

場合です。このポスターを見て、最初に時給1050円という条件を承諾してアルバイトに応募した人が面接の結果採用になるとは限りません。

ネットオークションもそうです。

一般的にネットオークションは、申込みの対象が特定の者ではなく、不特定多数です。ネットオークションで「買いたい」といって入札しても、最高価格で落札しなければその人が買えるわけではありません。

これらのケースは、相手に申込みをさせようとする**申込みの誘因**といい、契約の申込みとは区別されます。

到達主義と発信主義

申込みと承諾によって契約は成立しますが、申込みをはじめとする意思表示は原則として**相手方に到達することによって初めて効力**が生じます。これが**到達主義**という原則です。

例えば、当事者同士が遠くに住んでいるなど、書面でやりとりしなければならない場合などには、申込みの意思表示が到達しないと効力は生じません。意思表示が到達して、いったん効力が生じれば、**撤回できない**のも原則です。

原始的不能と後発的不能

契約成立の時点で債務の履行が不能な場合にも契約は成立するでしょうか。例えば、Ｅさんが、自身の真珠のネックレスを紛失してしまっているのに、それに気づかないでＦさんに売買の申込みをしてしまい、Ｆさんが

KEY WORD
申込みの誘因
広告を打ったり商品を陳列しPOPなどを立てるなどして相手方に契約の申込みを促すこと。

第97条
意思表示の効力発生時期等
1　意思表示は、その通知が相手方に到達した時からその効力を生ずる。
2　相手方が正当な理由なく意思表示の通知が到達することを妨げたときは、その通知は、通常到達すべきであった時に到達したものとみなす。
3　意思表示は、表意者が通知を発した後に死亡し、意思能力を喪失し、又は行為能力の制限を受けたときであっても、そのためにその効力を妨げられない。

KEY WORD
契約成立の効果
契約が成立すると、債権者と債務者には、それぞれ自分の行った意思表示に基づく権利と義務が生じる。

KEY WORD

原始的不能と後発的不能
契約が成立する前から履行が不可能なことが原始的不能。対して、成立した後に不可能となるのが後発的不能。

第536条
債務者の危険負担等

1 当事者双方の責めに帰することができない事由によって債務を履行することができなくなったときは、債権者は、反対給付の履行を拒むことができる。
2 債権者の責めに帰すべき事由によって債務を履行することができなくなったときは、債権者は、反対給付の履行を拒むことができない。この場合において、債務者は、自己の債務を免れたことによって利益を得たときは、これを債権者に償還しなければならない。

承諾したときです。

このような場合を原始的不能といいます。改正前の民法では、原始的不能の場合は契約が無効になると考えられていました。

しかし、改正民法は、原始的不能の場合も契約は有効に成立し、紛失したことについてEさんに**帰責性**が認められれば**債務不履行**（履行不能）として扱うことにしました。

原始的不能に対して、契約成立後に履行不能になることを**後発的不能**といいます。改正民法のもとでは、原始的不能と後発的不能とで扱いが変わりません。

例えば、地震や津波による物品などの消失のように、売主で債務者のEさんに帰責性が認められない場合には、債権者である買主のFさんは、損害賠償を請求することはできませんが、売買契約を解除することはできます。

逆に言えば、売買契約を解除しない限り、FさんはEさんに対して代金債務を負っているわけです。

もっとも、売買契約が解除される前に、EさんがFさんに代金の支払いを求めた場合、当然のようにFさんは代金の支払いを拒むことができます。これを**危険負担**といいます。

128

契約解除

第3章・債権 26 契約③

契約を一方的にご破算にできる場合がある

KEY WORD

催告
相手方に、ある一定の行為をするよう促すこと。催告には民法上一定の効果が付与される。

第541条
催告による解除
当事者の一方がその債務を履行しない場合において、相手方が相当の期間を定めてその履行の催告をし、その期間内に履行がないときは、相手方は、契約の解除をすることができる。ただし、その期間を経過した時における債務の不履行がその契約及び取引上の社会通念に照らして軽微であるときは、この限りでない。

債権者の一方的な意思表示で契約をご破算にできる

　債務者が約束どおり自発的に債務を履行すれば、債務は消滅します。他方、債務者が契約を守らず債務不履行になったとき、法に規定された手続にのっとり債権者は裁判所に申し立てて、債務を強制的に実現することができますが、**契約をご破算にしてしまう**こともできます。債権者の一方的な意思表示によって契約をご破算にすることを**解除**といいます。どちらの方法が債権者自身にとって利益があるかはケース・バイ・ケースですが、債権者はいずれの方法を選ぶこともできます。

債務不履行のケースによって契約解除の方法が異なる

　契約を解除するには、原則として**相当の期間を定めて**

催告し、その期間内に債務の履行がないことが要件となります。

AさんがBさんに「3月31日までに骨董の壺を引き渡す」という契約を2月15日に結びましたが、履行されず3月31日が過ぎてしまったとします。この場合にも直ちに解除できるわけではなく、BさんはAさんに相当の期間を定めて催告をしなければなりません。相当の期間が経過した後で初めて解除できるようになるのです。

一方、**履行不能**の場合や債務者が債務の全部の履行を拒絶する意思を明確に表示した場合などは、**催告は必要ありません**。催告は履行の最後の機会を与えるための制度であるため、例えば骨董の壺が焼失し、引き渡す約束をした物がなくなってしまった場合や拒絶の意思を明確にした場合は、もはや催告する意味はないからです。

ただし、履行不能は特定物債権についてだけ生じ、不特定物債権については、原則として生じないことは説明

> **第542条**
> **催告によらない解除**
> 1　次に掲げる場合には、債権者は、前条の催告をすることなく、直ちに契約の解除をすることができる。
> ①　債務の全部の履行が不能であるとき。
> ②　債務者がその債務の全部の履行を拒絶する意思を明確に表示したとき。
> ③　債務の一部の履行が不能である場合又は債務者がその債務の一部の履行を拒絶する意思を明確に表示した場合において、残存する部分のみでは契約をした目的を達することができないとき。
> （以下条文略）

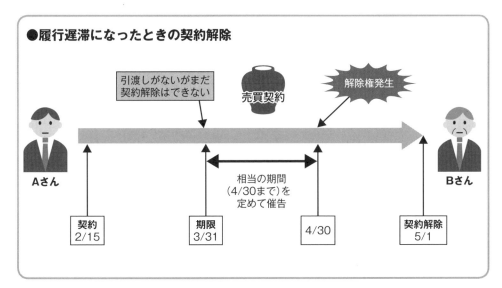

●履行遅滞になったときの契約解除

> **第545条**
> **解除の効果**
> 1　当事者の一方がその解除権を行使したときは、各当事者は、その相手方を原状に復させる義務を負う。ただし、第三者の権利を害することはできない。
> 2　前項本文の場合において、金銭を返還するときは、その受領の時から利息を付さなければならない。
> 3　第1項本文の場合において、金銭以外の物を返還するときは、その受領の時以後に生じた果実をも返還しなければならない。
> 4　解除権の行使は、損害賠償の請求を妨げない。

しました。もし、骨董の壺ではなく市販のワイングラスだったとしたら、グラスが割れて粉々になってしまったとしても、その物が市場に存在する限り、履行不能にはなりません。この場合、原則どおり解除するためには、相当の期間を定めて催告することが必要になります。

なお、改正民法のもとでは、契約を解除するのに債務者の帰責性は要求されません。

契約解除によって原状回復義務が生じる

契約が解除されると、契約によって生じた権利と義務は、初めからなかったことになります。これを契約の**遡及的消滅**といいます。そして、契約解除前に債務の全部または一部が履行されている場合は、これを相手に返却するなどして元の状態に戻す必要があります、これを**原状回復義務**といいます。

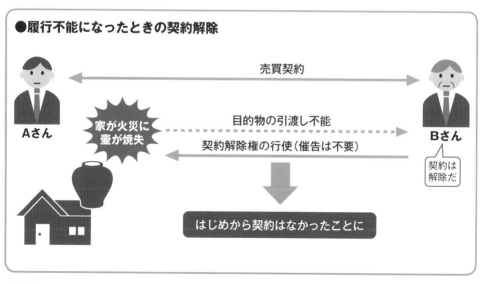

●履行不能になったときの契約解除

27 定型約款

約款とは何？
多数の取引に対して一律に適用される契約条項

約款はどのようなときに利用される？

あまり意識することはないでしょうが、日常生活の中では、**約款**を利用して契約が締結される場面が少なくありません。例えば、電車に乗るときや宅配便を利用するときなど、1回1回、業者と細かく契約の内容を定めていたらとても不便です。そこで、事業者があらかじめ契約条項を作成しておくことで、取引を合理的・効率的に行えるように工夫されています。

このように、多数の取引に一律に適用するために作成された契約条項のことを**約款**といいます。約款には、「旅行約款」「宿泊約款」「運送約款」「保険契約約款」「建築請負契約約款」などがあります。

約款
多数の契約に用いるために、あらかじめ定式化された契約条項の総体のこと。

本当に約款に合意しているか？

　約款が用いられる局面では、その約款に基づく取引を求められる側の当事者が、契約条項について合意していることが必ずしもはっきりしていないことがあります。

　電車に乗るときや、宅配便を利用するときに、約款の内容をしっかりと見て、それに合意している人はおそらくいないでしょう。

　しかし民法上、取引には契約が必要で、約款がなければ取引を効率的に行うことができないといえます。約款は、取引交渉のコストを低くおさえ、事業者の活動を効率化し、結果的に社会全体の効用を増しているのです。

　そこで、民法は、一般に「約款」と呼ばれるもののうち、一定の類型のもの（**定型約款**）について、一定の条件を満たせば、当事者間で約款を利用することについて

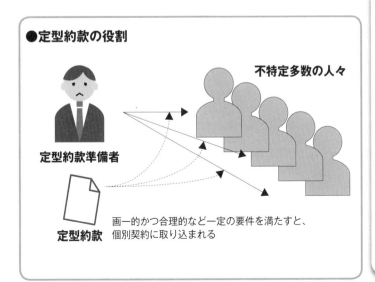

●定型約款の役割

定型約款準備者 → 不特定多数の人々

定型約款 — 画一的かつ合理的など一定の要件を満たすと、個別契約に取り込まれる

> 📖 **第548条の2**
> **定型約款の合意**
> 1　定型取引（ある特定の者が不特定多数の者を相手方として行う取引であって、その内容の全部又は一部が画一的であることがその双方にとって合理的なものをいう。以下同じ。）を行うことの合意（次条において「定型取引合意」という。）をした者は、次に掲げる場合には、定型約款（定型取引において、契約の内容とすることを目的としてその特定の者により準備された条項の総体をいう。以下同じ。）の個別の条項についても合意をしたものとみなす。
> 一　定型約款を契約の内容とする旨の合意をしたとき。
> 二　定型約款を準備した者（以下「定型約款準備者」という。）があらかじめその定型約款を契約の内容とする旨を相手方に表示していたとき。
> 2　前項の規定にかかわらず、同項の条項のうち、相手方の権利を制限し、又は相手方の義務を加重する条項であって、その定型取引の態様及びその実情並びに取引上の社会通念に照らして第1条第2項に規定する基本原則に反して相手方の利益を一方的に害すると認められるものについては、合意をしなかったものとみなす。

合意があったとみなす条項を定めています。

　当事者間で定型約款を利用することについて合意があったとみなされるためには、まず、**定型取引**の実行に合意していることが必要です。定型取引とは、ある特定の者が不特定多数の者を相手方として行う取引で、その内容の全部または一部が画一的であって、かつ双方にとって合理的なものをいいます。

　それに加えて、定型約款を契約の内容とする旨の合意をするか、定型約款を準備したものがあらかじめ定型約款を契約の内容とする旨を相手方に表示していたときに、当事者間で約款を利用することについて合意があったとみなされることとなります。

　しかし、相手方の権利を制限したり、加重するなど、相手方に対して一方的に不利益な条項もあり得るでしょう。そのため、相手方の利益を一方的に害する条項については、合意しなかったものとみなすというルールも定められています。

●定型約款が有効になる2つの場合

1.定型取引に合意
2.定型約款を契約の内容とする旨を合意する、または
　定型約款を準備した者があらかじめ定型約款を契約の内容とする旨を相手方に表示していた

定型約款準備者

当事者間で定型約款を利用することについて
合意があったとみなされる

相手方

贈与契約とは何？

第3章・債権
28 贈与契約

自分の財産をタダで相手に与えることができる

贈与契約は当事者の一方だけが義務を負う

契約では、お金を払って物を買ったり（売買）、家賃を払って家に住んだり（賃貸借）するように、双方が対価的債務を負担する双務契約が多いのですが、一方だけが債務を負う契約もあります。**片務契約**です。その代表例が**贈与契約**です。これは、ある財産を**無償で相手に与える**契約です。

贈与も契約なので、当事者間の意思表示の内容が合致することによって契約が成立します。財産を無償で与える側を**贈与者**、受け取る側を**受贈者**といいます。

贈与契約は、当事者の一方だけが義務を負う**片務契約**です。債務は贈与者側にだけあり、受贈者側にはありません。受贈者は贈与者から財産を無償で受け取ることがで

> 第549条
> **贈与**
> 贈与は、当事者の一方がある財産を無償で相手方に与える意思を表示し、相手方が受諾をすることによって、その効力を生ずる。

き、これと対価性のある経済的給付をする必要はありません（無償契約）。

また、贈与契約は当事者間の合意だけで効力が生じる諾成契約です。

贈与契約は当事者間の合意だけで成立する

贈与というと、土地や家を親が子にタダであげる、といった例を思い浮かべることでしょう。いくらタダとはいえ、土地や家という財産をあげるのですから、書面にその内容を証拠として記載し、残しておくのが当然と考えるのが普通です。確かに、贈与契約は、当事者の間の意思表示の合致だけで成立しますが、**書面によらない贈与契約は、履行が終了する前であれば解除できる**ことになっています。つまり、履行が終了する前までは「あの約束はなかったことにしてくれ」と解除することができるのです。

贈与契約では、贈与者が一方的に義務を負うので、その立場に配慮がされています。つまり、贈与者は「贈与の目的物」を贈与の目的として特定した時の状態で引き渡し、または移転すれば、それで義務を果たしたことになります。

> 📖 第550条
> **書面によらない贈与の解除**
> 書面によらない贈与は、各当事者が解除をすることができる。ただし、履行の終わった部分については、この限りでない。

贈与契約は贈与の申込みと承諾によって成立する。

第551条
贈与者の引渡義務等
1　贈与者は、贈与の目的である物又は権利を、贈与の目的として特定した時の状態で引き渡し、又は移転することを約したものと推定する。
（以下条文略）

KEY WORD
受遺者
遺言者からの遺贈により遺産を受ける人のことをいう。胎児も受遺者になることができる。

遺贈は遺贈者の「一方的な意思表示」で有効だけど、死因贈与は「双方の合意」がされないと有効にはならないんですね～。

また、この後に説明する負担付贈与の場合は負担の限度で責任を負うことになります。

相手に負担を負わせる負担付贈与

贈与契約にはいくつかの種類があります。

例えばEさんがFさんに、土地をタダであげるがその一部を駐車場として使えるよう約束させたり、Eさんの老後の面倒を見てくれとFさんに約束させる場合があります。受贈者が一定の義務を負うこのような贈与契約を、**負担付贈与**（ふたんつきぞうよ）といいます。負担付贈与も贈与契約なので片務契約ですが、負担部分については受贈者が贈与者に対して義務を負う点で**双務契約に類似**します。そのため、民法の双務契約の規定が準用されるのです。

また、Eさんが「自分が死んだら土地をFさんにタダであげる」というように、贈与者が死亡したらだれに何をあげるかを決めておくことを**死因贈与**（しいんぞうよ）といいます。さらに、遺言によって贈与する場合を**遺贈**（いぞう）といいます。

●死因贈与と遺贈

生前に当事者間で贈与に関するやりとりを約束することを死因贈与という

私が死んだら土地をタダであげる

申込みの意思表示 →

← 承諾の意思表示

Eさん
（贈与者）
（遺贈者）

Fさん
（受贈者）
（受遺者）

当事者間の合意＝死因贈与

遺言あり＝遺贈

第3章・債権

29 売買契約

売買契約と売主の義務・買主の義務

売主が財産権を買主に移転し、買主は代金を支払う

売買契約は売主・買主とも債務を負う双務契約

売買契約とは、当事者の一方が**財産権**を相手に移転することを約束し、これに対して相手が**代金**を支払う契約をいいます。

123ページで例としてあげたAさんとBさんの土地の売買のケースにあてはめると、AさんはBさんに土地の所有権を移転し、BさんはAさんに土地の代金を支払う契約です。Aさんを**売主**、Bさんを**買主**といいます。

売買契約は、売主のAさんと買主のBさん双方が債務を負うので**双務契約**です。また、Aさんは土地、Bさんは金銭という財産を引き渡したり支払ったりするという経済的給付をするので、**有償契約**です。さらに、AさんとBさんの合意によって成立するので**諾成契約**です。

 第555条
売買
売買は、当事者の一方がある財産権を相手方に移転することを約し、相手方がこれに対してその代金を支払うことを約することによって、その効力を生ずる。

売主は買主に対し目的物を引き渡し、目的物の所有権を含め一切の財産権を移転する義務を負います。一方、買主は代金を支払う義務を負います。

手付を交付すれば契約をした証拠になる

売買契約の実際の場面では、買主が売主に対して代金の全額を支払わず、その一部を手付金として渡すことがよくあります。

高級ブティックで気に入った服を見つけたものの、予算オーバーなので買うか買わないかを迷っているJさんは、買う決心がつくまで5万円をブティックに渡した、といったケースです。これを**手付**といいます。手付金を相手に渡すことを**手付の交付**といいます。

Jさんがブティックに手付を交付したことによって、Jさんとブティックとの間で売買契約が成立した証拠に

> 📖 **第557条**
> **手付**
> 1 買主が売主に手付を交付したときは、買主はその手付を放棄し、売主はその倍額を現実に提供して、契約の解除をすることができる。（以下条文略）

特定物売買の場合、目的物の財産権は、売買契約成立と同時に買主に移転します。

●売買契約が成立すると

売主

売買契約成立

目的物の引渡し・財産権移転 →
← 代金の支払

買主

債務の履行 → 債務の消滅

債務不履行／目的物に契約不適合 → 責任の発生

なります。このような手付を**証約手付**といいます。

売主は手付を倍返しして契約を解除できる

もし、Jさんは予算オーバーの服を買う決心がつかなければ、手付の5万円を放棄して、契約を解除することもできます。このような考えの手付を**解約手付**といいます（証約手付としての性格がなくなるわけではありません）。もしブティック（売主）が契約を解除する場合は、手付の**倍返し**をしなければなりません。

また、Jさんの手付はいつまでも有効というわけにはいきません。解約手付の制度を使って契約を解除するには、**相手方**が契約の**履行に着手するまで**に限られます。

一方、ブティックは、Jさんが手付の有効期限が過ぎても服を買わない場合に備えて、手付を没収するとの合意をすることもできます。このような考えの手付を**違約手付**といいます。

このような合意が成立したのに買主が債務の履行をしない場合、買主は上記没収にとどまらず、売主から代金額の支払いなどを請求されることもあります。

契約に適合しない物を売った責任は売主が負う

売買契約では、売った物が契約内容と適合していなければ、売主は買主に対して**契約不適合責任**を負います。

例えば、Kさんが中古の家を買って住みはじめたら、床下に大量のシロアリが発生して土台や柱が弱っており、間もなく住めなくなることがわかりました。売主のLさんにクレームをつけましたが、自分も知らなかった

KEY WORD
解約手付による解除の時期
解約手付による解除ができるのは相手方が契約の履行に着手するまで。履行に着手してからは解除することはできない。

KEY WORD
倍返し
557条に規定されているもので、売主都合の契約解除のペナルティといえる。

KEY WORD
違約手付の考え方
没収額でも損害がまかないきれない場合は、被害を受けた者は相手に対し、さらに損害賠償を請求することができるという考えがある。反対に、被害を受けた者に没収額を上回る損害があったとしても、受け取った手付の金額の範囲内で処理するものとして、それ以上の損害賠償の請求を許さないという考えもある。

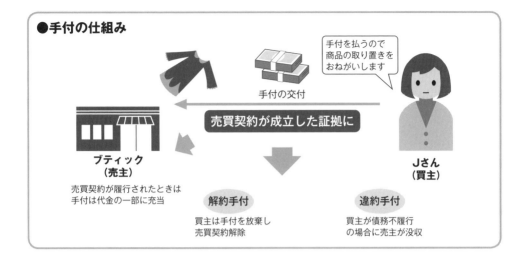

と言って取り合ってくれません。

このように、売買の目的物が契約内容と適合していない場合、民法は損害賠償請求権や解除権、追完請求権、代金減額請求権を認めて買主を保護しています（契約不適合責任）。

もともと売主は、契約内容に適合した目的物を引き渡す義務を負っています。そのため、契約内容に適合しない物を渡してしまった場合には、適合するように追完する義務を負うわけです。この例でいえば、Ｌさんは、シロアリを駆除して土台や柱を補修するなど、住める状態にする義務を負います。

また、買主は、不適合の程度に応じて代金の減額を請求することもできますし、追完すら不能の場合には契約を解除することができます。売主に帰責性があれば、債務不履行に基づく損害賠償請求をすることもできます。

このような契約不適合責任は、目的物が特定物である場合と不特定物である場合とで何ら違いがありません。

KEY WORD

特殊な売買契約
買戻し
不動産売買契約に限って、売主が代金を買主に返還して同じ物件を買い戻す特約。買戻しの期間は10年まで。

KEY WORD

交換契約
当事者がお互いに金銭以外の物の所有権を移転する契約。物々交換。売買契約と同様、双務、有償、諾成契約である。

145

売主が契約内容に適合した目的物を引き渡す義務を負うことに違いがないからです。

他人の物でも売買できる

売買契約は、当事者の一方が財産権を相手に移転することを約束しますが、その財産が**他人の財産**でも売買契約は無効にはなりません。

「勝手に他人の財産を売ってはいけない」と早合点してはいけません。もちろん、売主が権利者との合意によって権利を手に入れて、買主に財産権を移転する義務を負うのです。移転を約束した財産権がまだ他人の元にあったとしても、**売買契約自体は有効**です。

もちろん、売主が権利者から権利を手に入れることができず、買主に財産権を移転できなければ、債務不履行になります。

> 📖 **第561条**
> **他人の権利の売買における売主の義務**
> 他人の権利（権利の一部が他人に属する場合におけるその権利の一部を含む。）を売買の目的としたときは、売主は、その権利を取得して買主に移転する義務を負う。

売ってしまえばそれで終わり、ということにはならないんですね。確かに、買う前には気づかないことなんていくらでもありますもんね！

●売主の契約不適合責任

Lさん
（売主）

売買契約

①追完請求
②代金減額請求
③損害賠償請求
④解除

契約不適合

Kさん
（買主）

第3章・債権

30 消費貸借契約と使用貸借契約

消費貸借契約と使用貸借契約の違いは？

借りた物に対して同種・同等・同量の物を返すのが消費貸借

第587条
消費貸借
消費貸借は、当事者の一方が種類、品質及び数量の同じ物をもって返還をすることを約して相手方から金銭その他の物を受け取ることによって、その効力を生ずる。

KEY WORD
要物契約
当事者の合意のほかに、物の引渡しなど給付がなければ成立しない契約。

 消費貸借の多くが金銭貸借

消費貸借とは、当事者の一方が相手から一定の**金銭**などを受け取り、これと**同種、同等、同量の物の返還**をする**契約**をいいます。

例えばNさんがMさんから100万円を借り、1年後に10万円の利息を加え合計110万円を返す、といった契約です。Mさんを**貸主**、Nさんを**借主**といい、Mさんが Nさんに貸した100万円を**元本**、元本から生じた法定果実を**利息**といいます。消費貸借の目的物はほとんどが金銭で、消費貸借イコール金銭貸借といってよいほどです。

民法では、契約は基本的に当事者間の合意だけで成立します（**諾成契約**）。しかし、中には目的物の引渡しまでされて初めて成立する契約があります。これを**要物契約**

といいます。消費貸借は、原則として貸主が目的物を借主に引き渡すことで初めて成立する要物契約です。

ただし、「書面でする消費貸借契約」、つまり契約書を作成する消費貸借契約に限り、引渡しの合意と返還の合意があれば、お金などの目的物の引渡しがその時点で行われていなくても、合意の時点で消費賃借契約は成立します。消費賃借契約は、要物契約が原則ですが、書面でするものに限り諾成契約であるということです。

また、貸主が弁済期まで貸した金銭を使えないという経済的損失をする一方で、利息が付かない場合には、借主には経済的損失がありません。したがって、この場合には**無償契約**となります。他方で、**利息が付く場合には、有償契約**となります。

借主に返済の猶予期間を与えている

借主が、貸主から借りた金銭などを返さないと債務不履行になります。返す時期を契約で定めた場合はその時期に返します。契約に定めていない場合は債務者が催告を受けた時に返す時期が来ます。ただし、このときに貸主は**相当の期間**を定めて催告を行うことになります。

> 📖 **第587条の2**
> **書面でする消費貸借等**
> 1 前条の規定にかかわらず、書面でする消費貸借は、当事者の一方が金銭その他の物を引き渡すことを約し、相手方がその受け取った物と種類、品質及び数量の同じ物をもって返還をすることを約することによって、その効力を生ずる。
> (以下条文略)

> 📖 **第591条**
> **返還の時期**
> 1 当事者が返還の時期を定めなかったときは、貸主は、相当の期間を定めて返還の催告をすることができる。
> 2 借主は、返還の時期の定めの有無にかかわらず、いつでも返還をすることができる。
> 3 当事者が返還の時期を定めた場合において、貸主は、借主がその時期の前に返還をしたことによって損害を受けたときは、借主に対し、その賠償を請求することができる。

●消費貸借契約

Mさん／貸主（債権者） ←消費貸借契約→ Nさん／借主（債務者）

金銭等の引渡し →

← 同種、同等、同量の物の返還義務

消費貸借契約は、原則として金銭等を受け取らなければ契約が成立しない要物契約

「相当の期間」とは、少しあいまいな言葉ですが、貸主が「いますぐに金を返せ」と催告しても、借主の手元に金銭があるとは限らないので、借主に金銭を調達する猶予を与えているのです。その期間は3日～2週間程度というのが通例のようです。相当の期間を過ぎなければ履行遅滞になることはありません。

契約で定めない限り利息は生じない

　消費貸借契約で利息が生じるかどうかは、貸主と借主の契約で決まります。**契約で定めなければ利息は発生しません。**利息を生じさせることは契約で決めたものの、利率を定めなかったときは、**法定利率**が適用されます。**法定利率**は改正民法の施行時は年3％であり、その後は法務省令で3年ごとに変更されます。返す期間を過ぎると、法定利率と同じように一定の割合で元本に上乗せされる金銭を**遅延損害金**といいます。遅延損害金は、履行遅滞による債務不履行に対する損害賠償金という考えです。利息を取ること、その利率を何％にするかは貸主と借主の契約で決まります。しかし利率の**上限は、利息制限法**という法律で決められています。

　その利率は①元本10万円未満＝年20％、②元本10万円以上100万円未満＝年18％、③元本100万円以上＝年15％です。利率の最高限度を決め、法外な高い利率で借主と契約させる貸主から、借主を守っているのです。

　利息制限法で決められた利率を超えた分は、絶対的に無効となります。

KEY WORD
法定利率
消費貸借契約を交わした当事者同士が、利率を特に定めなかった場合に自動的に適用される利率のこと。

KEY WORD
利息制限法
貸金契約の利息について利率の最高限度を定め、これを超える利息の契約を無効にして借主の保護を目的とした法律。

第3章・債権 | 消費貸借契約と使用貸借契約

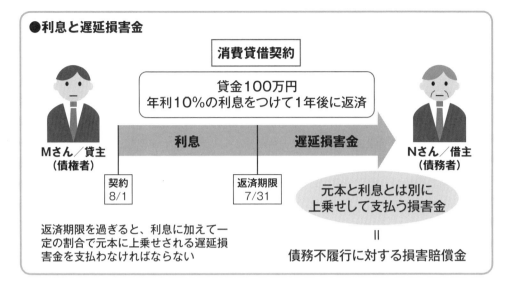

●利息と遅延損害金

物をタダで借りて使用できる使用貸借

借主が**無償**で**物を借りて使用**した後、貸主に**返すこと**を内容とする契約を**使用貸借**といいます。友人間でCDをタダで貸し借りしたり、親族の間で土地や家を無料で貸す場合がこれにあたります。

使用貸借は、目的物の引渡しの合意があれば成立する**諾成契約**であり、また、借主は使用貸借が終了した後に、貸主への返還債務が発生する**片務契約**です。さらに、借主が賃料の支払いをすることなく目的物を使用できる**無償契約**です。

「用が済めば返す」のが使用貸借の基本

使用貸借は、返還時期を定めておけば、その期限までに返還すればよいのはわかりますね。しかし、それを定

📖 第593条
使用貸借
使用貸借は、当事者の一方がある物を引き渡すことを約し、相手方がその受け取った物について無償で使用及び収益をして契約が終了したときに返還をすることを約することによって、その効力を生ずる。

貸借
借主が貸主のものを一定期間使用し返却する契約のことをいい、民法では、「消費貸借」「使用貸借」「賃貸借」を指す。

151

めなかったときが問題です。

　返還時期を定めなかったからといって、借主は貸主の好意に甘えて、いつまでも物を返す必要はないとはいえません。借主には、目的物を使用したり、それを使用して収益を行ったりすることを終えたら返還する義務があります。それ以前であっても、目的物の**使用・収益をする十分な期間**が過ぎれば、貸主は借主に返還請求ができるのです。

　例えば、友人からCDを貸りて、その友人から「もう十分楽しんだだろうから返してくれ」と言われれば返さなければいけません。用が済めば返す、というのが使用貸借の基本的な考え方です。

　借主は、借りたものを使用する際に生じる**必要な費用**を負担します。例えば知人からクルマを借りた場合のガソリン代などです。必要な費用を負担する理由は、次に説明する賃借権とは違い、目的物を使用した対価を支払わない代わりと考えているからです。

> KEY WORD
> **使用収益**
> 自分のために物を定められた用法に従って使い、天然果実や利息などの法定果実を得ること。

用が済んだら返す。借りた物を傷つけたりしたら弁償する。すごく当然の行為だけれども、履行できない人もいるからこうやって法律で定められているんです。

●使用貸借

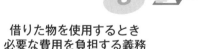

使用貸借契約（賃料なし）
物の貸渡し
借りた物を使用するとき必要な費用を負担する義務
貸主（債権者）　　借主（債務者）
借りた物を元の状態で返す

第3章・債権　土地や建物の賃貸借契約の実際はどうなっている？

31 賃貸借契約

貸主が物を使用収益させ、借主が賃料を支払う

賃貸借契約は最も重要な契約の1つ

第601条
賃貸借
賃貸借は、当事者の一方がある物の使用及び収益を相手方にさせることを約し、相手方がこれに対してその賃料を支払うこと及び引渡しを受けた物を契約が終了したときに返還することを約することによって、その効力を生ずる。

　賃貸借とは、当事者の一方が相手に**物を使用収益**させて、その代わりに**賃料**を受け取る契約をいいます。物を使用する側が賃料を支払う、という点が使用貸借とは違います。

　例えばMさんがNさんに自分が所有しているマンションの部屋を、居住を目的に家賃15万円、期間2年で貸す、といった場合です。Mさんを**賃貸人**、Nさんを**賃借人**といいます。

　賃貸借契約では、賃貸人であるMさんはNさんにマンションの部屋を使用収益させる義務を負い、賃借人であるNさんはMさんにその対価である賃料を支払う義務を負います。よって、賃貸借契約は**双務契約**です。また、

Nさんがその部屋を賃料という金銭を支払って使用収益するので**有償契約**です。さらに、MさんとNさんの合意のみによって成立するので**諾成契約**です。

賃貸借の特徴は、売買のように、目的物の引渡しと代金の支払いが済めば終了するのではなく、目的物を借りている間は当事者双方の**債務が継続**することです。

賃貸借では契約期間中、継続して双方に義務が生じる

賃貸人は目的物を賃借人に**引き渡し、使用収益**させるだけでなく、目的物の**修繕**義務などを負います。借りた側が修繕を行う使用貸借とは逆です。一方、**賃借人**は**賃料を支払う義務**や、目的物を**用法に従って使用する義務、無断で転貸（又貸し）をしない義務、目的物返還義務・原状回復義務**などを負います。

また、賃借人は借りている家屋を無断で改築したり、賃借権を無断で他人に譲渡したりすることはできません。これらに反した場合は**債務不履行**となります。

> 📖 **第606条**
> **賃貸物の修繕等**
> 1　賃貸人は、賃貸物の使用及び収益に必要な修繕をする義務を負う。ただし、賃借人の責めに帰すべき事由によってその修繕が必要となったときは、この限りでない。（以下条文略）

●**賃貸人と賃借人の義務**

賃貸借契約成立
↓
賃借権の発生

Mさん
賃貸人

- 目的物を使用収益させる義務
- 目的物の修繕義務

- 賃料の支払義務
- 賃貸人に無断で目的物を又貸ししない義務
- 目的物返還義務・原状回復義務

Nさん
賃借人

期間の定めがある場合とない場合がある

賃貸借契約には、期間の定めがある場合と定めがない場合があります。

期間の定めがある場合は期間の満了により、原則として賃貸借契約は終了し、**期間の定めがない**場合は当事者はいつでも解約の申入れができ、この申入れの後一定の期間が経過すれば終了します。また、賃借人に前ページで説明したような**債務不履行**があれば、期間の定めがあるか否かを問わず、賃貸人は契約を**解除**することができます。

期間の定めがある賃貸借契約の場合、当事者間の合意によって、契約を**更新**したり期間を延長することができます。契約更新といえる行為が行われない場合、賃借人が目的物の使用収益を継続していて、賃貸人が「ノー」と言わなければ、期間の定め以外は、いままでと同じ条件で契約が行われたものと推定されます。

借地借家法で物権に準じて扱われている

賃借権は債権ですから、所有権のような物権と比べて弱い権利です。例えば、家屋の賃貸人が目的物の所有権を第三者に譲渡した場合、民法上は、賃借人は賃借権の登記を備えない限り、新所有者に対して賃借権を対抗することはできません。「家を明け渡せ」と言われれば応じざるを得ないのです。また、契約の存続期間が短いと、賃借人は不安定な立場に追い込まれてしまいます。

このような問題は、賃借人が不動産を生活の基盤とし、

KEY WORD

普通借地権
賃貸借契約の期限がきても、賃貸人（地主）の側に土地を返してもらう正当な理由がなければ自動的に借地契約が更新される借地権。契約更新のない借地権は「定期借地権」。

KEY WORD

建物買取請求権
借地契約が終了した時、賃貸人に対して賃借人が借地の上に建てた建物の買取りを求めることができる権利。

KEY WORD

造作買取請求権
借家契約で、契約が終了した時、賃借人が家に備えた建具や設備などについて賃貸人に買取りを求めることができる権利。

●借地借家法による途中解約と更新の条件

Mさん 賃貸人 — 期間の定めのない建物賃貸借の解約の申し入れ — 正当な事由が必要 → Nさん 賃借人

拒絶する場合は正当な事由が必要 → 更新 ← 法定更新

賃貸人から正当な事由に基づく更新拒絶がなければ、期間の定め以外は同じ条件で更新

居住する目的で借りている場合には深刻ですから、賃借人を保護する必要があります。また、民法では賃貸借は債権のグループに入っていますが、物を利用する権利という視点で考えると物権に近いものがあります。

そこで、民法の特別法として借地借家法を定め、そこで賃借権の効力を強化して賃借人を保護しています。では、その内容について見てみましょう。

借地は30年以上の長期契約が可能

借地借家法の保護の対象となるのは、**建物所有目的の借地権**と**建物の貸借権**です。

民法上の土地賃借権では契約期間の下限の定めはありませんが、借地借家法上の借地権では**30年未満の借地契約はできません**。また、建物賃貸借では、1年未満の期間を定めた場合は、期間の定めがないものとみなされます。

> 🔑 **KEY WORD**
> **借地権と借家権**
> 借地権は、建物の所有を目的とする地上権、または貸借権のことをいい、借地人（土地貸借人）に強い保護を与えるものである。

> 🔑 **KEY WORD**
> **借地借家法**
> 借地権の存続期間、効力、建物賃貸借契約の更新、効力などについて特別に定めた法律。借地法、借家法を廃止して新しく1991年に制定。

KEY WORD

途中解約の正当な事由
賃料の支払い状況、賃借人とその家族の居住状況、立ち退き料を提供できるかなどを総合的に考慮して判断する。

期間の定めのない建物賃貸借の途中解約は**「正当な事由」が必要**とされています。猶予期間も6ヶ月と定められています。さらに契約更新についても、賃貸人は**「正当な事由」**がなければ**更新を拒否**できません。期間満了の1年前から6ヶ月前までに「正当な事由」による更新拒否の申入れを賃借人にしなければ、同じ条件で更新したものとみなされます。これを**法定更新**といいます。

また、借地借家法では、第三者に対して普通借地権を主張するには、**借地上に建てた建物の登記**をすることで対抗要件とすることができます。

加えて、建物の貸借権を主張するには、**建物の引渡し**が対抗要件になります。賃借人が実際に建物に住んでいれば、家主が変わって「家を明け渡せ」といわれても、明け渡す必要はないのです。

借地権を主張するには、借地上に建てた建物の登記をする必要があるんですね。

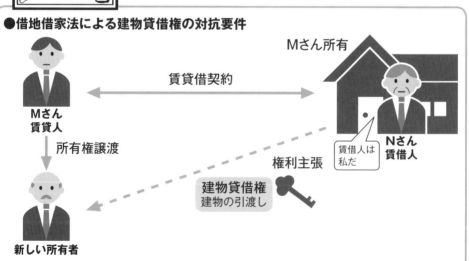

●借地借家法による建物貸借権の対抗要件

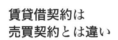

第3章・債権

32 雇用契約と請負契約

雇用契約と請負契約の実際はどうなっている？

労務を提供する雇用契約、仕事を完成させる請負契約

第623条
雇用
雇用は、当事者の一方が相手方に対して労働に従事することを約し、相手方がこれに対してその報酬を与えることを約することによって、その効力を生ずる。

KEY WORD
労務
雇われる人が雇う側のもとで、報酬（賃金）を得る目的で労働に従事すること。基本的には雇用契約が結ばれる。

働いた後でないと報酬を請求できない

　私たちがサラリーマンや、アルバイトとして働いたりすれば、会社から給料が支払われます。このように、雇われる人が雇う側のもとで働く（民法ではこれを**労務**といいます）代わりに、その報酬（**賃金**）を得る契約を**雇用契約**といいます。

　民法では、雇う側を**使用者**、雇われる側を**労働者**と呼んでいます。雇用契約では、労働者は労務を提供する債務があり、使用者は報酬（賃金）を支払う債務があります。雇用契約は、**双務・有償・諾成契約**です。

　民法では、労働者が受け取る報酬（賃金）は、働いた後でなければ請求できないのが原則です。

民法より労働関連法の適用が一般的

　雇用契約は、契約で期間を定める場合と、それを定めない場合があります。この点は賃貸借契約と同じです。**期間を定めた場合**、期間が満了すれば契約は終了します。また、当事者間の合意によって、契約を更新することができます。

　期間の定めがある場合、その期間が満了しても労働者に働く意思があり、使用者も「ノー」と言わなければ、契約の**更新が推定**されます。各当事者は、契約期間中に「やむを得ない事由」があるときは、契約を**即時解除**することができます。

　一方、**期間の定めのない場合**は、解約の申入れによって契約は終了しますが、これは、原則として2週間以上前に行わないと有効とは認められません。

　ただ、民法の規定だけで雇用関係を規律することは、労働者保護の観点からは極めて不十分です。そこで、特別法である**労働基準法、労働組合法、労働契約法などの労働関連法**が民法の特別法として定められ、民法の規定は大きく修正を受けています。

> **KEY WORD**
> **やむを得ない事由**
> 雇用契約における「やむを得ない事由」とは、雇う側が求める労力に対し雇われた側の労力が著しく不足していたり、職場環境を損なうなど、社会通念上、雇用契約を継続することがむずかしいと思われることなど。

完成した仕事の目的物を引き渡さないと報酬は支払われない

　請負契約とは、ある**仕事を完成**させ、その仕事の結果に対して**報酬**を支払う双務・有償・諾成契約です。民法では、仕事を依頼する側を**注文者**、仕事を完成させる側を**請負人**と呼んでいます。完成させる仕事は、家や道路など形のあるものから、美容院でのサービス、音楽の演

>
> **第632条**
> **請負**
> 請負は、当事者の一方がある仕事を完成することを約し、相手方がその仕事の結果に対してその報酬を支払うことを約することによって、その効力を生ずる。

奏など形のないものまで様々です。

請負契約でポイントとなるのは、まず、完成した仕事の目的物を注文者はいつ取得するのか、という**所有権移転時期**の問題です。判例では、請負人が材料を提供した場合、完成した目的物の所有権は**最初請負人に帰属**し、**引渡しによって注文者に移転**するものとしています。

次に**危険負担**の問題です。例えば、請負人であるバイオリニストが大怪我をしてコンサートの開催ができなくなった場合、注文者である主催者は報酬の支払いを拒むことができます。請負人の**担保責任**も問題になります。請負人は契約内容に適合する仕事を提供する義務があります。これに反すると、注文者は追完請求権、代金減額請求権、損害賠償請求権、契約解除権を行使することができます。

請負人は仕事に欠陥があれば、注文者から損害賠償を請求される場合もあるんだ〜。

●**仕事が不完全な場合、請負契約はどうなる？**

仕事が不完全な場合、注文主は担保責任を追及することができる

仕事の完成

不完全

完成した仕事の目的物の引渡し

代金支払請求

担保責任の追及
・追完請求
・代金減額請求
・損害賠償請求
・契約解除

注文者

請負人

第3章・債権

33 委任契約と寄託契約

委任契約と寄託契約の違いは？

法律行為などを相手に頼む委任、物を預ける寄託

第643条
委任
委任は、当事者の一方が法律行為をすることを相手方に委託し、相手方がこれを承諾することによって、その効力を生ずる。

KEY WORD
受任者
委任者からある特定の法律行為を委託され、それを引き受ける相手側のことを指す。例えば、債務整理を弁護士（受任者）に委託する、など。

物事の処理を相手にやってもらう委任契約

委任契約とは、当事者の一方が、**法律行為**を行うことを相手に任せること（これを委託といいます）を内容とする契約です。法律行為以外の事務処理の委託も**準委任契約**として、委任契約と同様の扱いを受けます。

自分の代わりに法律行為の処理を相手にやってもらう契約が委任契約ですが、まず思い浮かべるのは、弁護士への依頼や不動産業者への不動産売却依頼などです。依頼する側を**委任者**、依頼される側を**受任者**と呼びます。

委任契約には、受任者に報酬が支払われる場合と、支払われない場合があります。前者は**双務・有償・諾成契約**で、後者は**片務・無償・諾成契約**となります。

当事者間の信頼関係が重要な委任契約

委任契約のポイントは、有償契約、無償契約の区別なく受任者が**善管注意義務**を負うことです。これは、委託された事務を処理するときの注意義務の程度として、受任者**自らの社会的地位や担当業務に即して**あたれという意味です。例えば弁護士なら、その資格と社会的地位にふさわしい高度な注意を払うことが求められます。委任契約は委任者からの信頼を基礎としているから、というのがその理由です。

一方、委任者には、委任事務を処理するのに費用が必要な場合、費用を前もって支払う義務や、受任者が費用を立て替えた場合の支払義務があります。

委任契約は、委任者と受任者の信頼関係が基礎なので、その信頼が損なわれた場合はいつでも契約を解除するこ

> 📖 **第644条**
> **受任者の注意義務**
> 受任者は、委任の本旨に従い、善良な管理者の注意をもって、委任事務を処理する義務を負う。

事務処理費用は、当事者間で特に取り決めた場合は後払いにできます。

●委任者と受任者の義務

委任契約成立
↓

委託 →
← 法律行為・事務処理

委任者

受任者

委任者の義務
・事務処理費用の前払義務
・受任者が立て替えた費用の支払義務

受任者の義務
・善管注意義務
・金銭、物品、果実等仕事上受け取った物の引渡義務
・預り金を使ってしまったときの支払義務
　損害が発生したときは損害賠償義務

とができます。

物の保管を他人に任せる寄託契約

寄託契約とは、物を預けて**保管**してもらうことを約束する契約です。旅行期間中にペットホテルにペットを預ける、といったことは寄託契約です。保管を頼む側を**寄託者**、預かる側を**受寄者**と呼びます。委任契約と異なるポイントは、**無償寄託**の場合の受寄者の注意義務が軽く、**自分の財産に対するのと同じ程度**の注意義務を負うにとどまっていることです。

有償寄託の場合は委任契約と同じく、善管注意義務を負うことになります。また、寄託者の承諾がなければ、保管を他人に任せることはできません。

📖 **第657条**
寄託
寄託は、当事者の一方がある物を保管することを相手方に委託し、相手方がこれを承諾することによって、その効力を生ずる。

🔑 **KEY WORD**
消費寄託契約
寄託を受ける側（受寄者）が契約によって目的物を消費して、後日、同種・同等・同量の物を返還すればよい契約。預金契約が代表的。

●受寄者と寄託者の義務

寄託契約

 物の保管の合意 →

寄託者
（預け主）

寄託者の義務
・保管費用の前払
・受寄者が立て替えた費用の支払

受寄者
（預かり主）

受寄者の義務
・保管義務
・通知義務
・注意義務または
　善管注意義務
　（有償寄託の場合）

第3章・債権

34 組合契約

組合契約とは何？

複数人が出資して共同で事業を行うことを約束

KEY WORD

組合
2人以上（複数）の人たちの出資により共同で経営される（事業を営む）契約、またはその団体のことを指す。

📖 **第667条**
組合契約
1　組合契約は、各当事者が出資をして共同の事業を営むことを約することによって、その効力を生ずる。
2　出資は、労務をその目的とすることができる。

 組合は複数人で共同の事業を行う組織

　組合契約とは、複数の当事者がそれぞれ**出資**をして、**共同で事業を営む**契約です。例えば、料理好きなPさん、Qさん、Rさんの3人が共同出資して、オーガニック料理のレストランを経営する約束をする、といった場合です。組合契約の当事者であるPさん、Qさん、Rさんを組合員と呼びます。組合といえば、労働組合や農業協同組合を思い浮かべますが、こちらは法人（P28）の一種なので、混同しないようにしてください。

 組合は組合員が業務に関わり責任を負う

　組合契約では、組合契約に参加した全員が出資する必要がありますが、出資する物は**お金以外**でも構いません。例

えばPさんはお金、Qさんは店舗、Rさんは厨房設備や食器類など、財産的な価値のあるものや労務でもよいのです。

また、共同で始める事業は、**継続的か一時的か、営利目的か公益目的か**を問いません。

組合契約は双務・有償・諾成契約です。複数の者が共同で事業を始める場合に、法人ではなく組合契約が利用されてきたのは、法人となるのに様々な手続や費用がかかるので、少人数で共同事業を行う場合は組合契約が有利だからです。

組合が事業を行うには、組合員の過半数をもって業務の執行を決めます。そこから生じる**責任**は最終的には**組合員それぞれが負う**ことになります。ただし、組合契約を行う段階で、組合員の中の特定の人に業務の執行を任せることもできます。そのような人のことを**業務執行組合員**といい、対外的に代表権をもつことになります。

KEY WORD
法人の権利能力
法人は設立されると、自然人と同じように権利能力の主体となって契約の主体となるなど、法律行為が行えるようになる。

組合は法人格をもたない

組合は法人格をもちません。法人が自然人と同じように権利能力の主体となることが「法人格をもつ」ということでした。法人格をもたないので、組合自体が権利の主体とはならないのです。そうだとすると、このレストラン自体が財産をもつことができず、Pさん、Qさん、Rさんの**共同所有**になります。

しかし、共有となると、第2章で説明したように財産の分割が認められるため（P63）、共同で始めた事業をスムーズに行うことができなくなります。

そこで、組合財産は、共有とは異なる**合有**という考え

KEY WORD
共同所有
複数の者が共同で所有する場合、共有・合有・総有の3つに区分けされる。共有が個人的色彩が強いのに対し、合有は個人と団体の中間、総有は団体寄りとされる。

KEY WORD
合有
共有者それぞれが潜在的な持分はあるものの、目的物の分割請求権が否定されている共同所有の形。

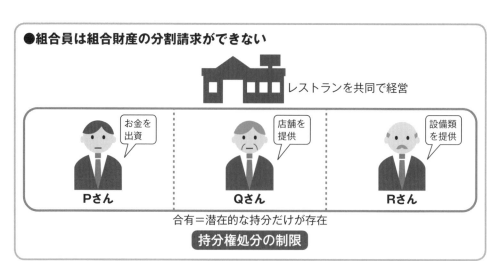

方で説明されています。組合員が分割請求できるのは、組合が解散し、清算に入ってからです。また、脱退による持分の清算もあります。

組合員が脱退しても組合は存続する

組合員は、組合契約で存続期間の定めがなければいつでも**脱退**することができます。脱退した組合員は出資に応じた**払戻し**を金銭で受けることになります。例えば店舗を提供したQさんは、店舗を返してもらうのではなく、金銭で払戻しを受けます。そうしないと、事業の存続ができなくなるからです。一方、脱退前に生じた組合の**債務**は、**脱退後も負う**ことになります。またPさん、Qさん、Rさんのうちだれか1人が抜けても、組合そのものは存続します。ただし、契約ですので、例えば2人が脱退し、Pさんのみになると組合は終了することになります。

> 📖 **第681条**
> **脱退した組合員の持分の払戻し**
> 1 脱退した組合員と他の組合員との間の計算は、脱退の時における組合財産の状況に従ってしなければならない。
> 2 脱退した組合員の持分は、その出資の種類を問わず、金銭で払い戻すことができる。
> （以下条文略）

第3章・債権 35 事務管理

事務管理とは何？
義務がないのに他人の利益のために何かをすること

📖 第697条
事務管理
1 義務なく他人のために事務の管理を始めた者（以下この章において「管理者」という。）は、その事務の性質に従い、最も本人の利益に適合する方法によって、その事務の管理（以下「事務管理」という。）をしなければならない。
2 管理者は、本人の意思を知っているとき、又はこれを推知することができるときは、その意思に従って事務管理をしなければならない。

 忘れ物を届けるのも事務管理

事務管理とは、**義務がない**のに**他人の利益**のために何かを行ってあげることをいいます。

例えば、隣のEさんの家の窓ガラスが台風で破損したので、Fさんが修理してあげた、などといった場合です。「忘れ物を届けた」「迷子を預かって食事の世話をした」なども事務管理の一例です。

本来は、義務や権限もないのに他人の家に立ち入って何かをすることは違法です。しかし民法では、このような好意から生まれた「おせっかい」について、違法にならないよう規定を設けているのです。事務管理は、契約とは異なり、当事者の**意思表示によらない**債権発生のケースです。

172

事務管理は本人の意思に反しないことがポイント

事務管理が成り立つ要件は、①法律上の義務がなく、②他人のために、③事務の管理を始めることに加え、④最も本人（事務管理の相手側）の意思および利益に適合する方法によることの4つです。

特にポイントとなるのが4つ目の要件で、**本人の意思に反することが明らか**な場合、原則として**事務管理は成立しません**。つまり、EさんがFさんに「自分で直しますので何もしないでください」と伝えていれば、Fさんが好意で行ったことでも事務管理は成立しないのです。

第699条
管理者の通知義務
管理者は、事務管理を始めたことを遅滞なく本人に通知しなければならない。ただし、本人が既にこれを知っているときは、この限りでない。

他人への「おせっかい」も違法にはならない

事務管理が成立すると、「おせっかい」でも違法にはならなくなります。FさんはEさんから「勝手に人の庭に入った」と損害賠償を請求されることもなくなります。

一方、事務管理を行う者（**事務管理者**）は、注意を払いながら**管理**をする**義務**や本人への**通知義務**、事務処理の状況の**報告義務**などを負います。

これらの義務の裏返しとして、本人に対して事務管理にかかった費用を請求できる権利が生じます。Eさんは、Fさんがガラス代を負担したら、その代金を支払う義務が生じるのです。ただし、FさんはEさんに報酬や損害賠償の請求をすることはできません。

事務管理が本人の意思に反している場合、事務管理者は費用の全額ではなく、本人が現に受けている利益の範囲でしか請求できません。

第702条
管理者による費用の償還請求等
1　管理者は、本人のために有益な費用を支出したときは、本人に対し、その償還を請求することができる。
（以下条文略）

●好意で他人のために何かをすることで生じる義務

お宅の窓ガラスが割れていたので直しておいたよ

事務管理者

法律上の義務がなくても他人のために事務を処理

事務管理の成立

本人

事務管理者の義務
・注意して管理する義務
・管理開始の通知義務
・緊急事務管理の場合は、義務軽減
・管理の継続義務

本人の義務
・かかった費用の償還義務

何気ないおせっかいでも、事務管理が成立すると最後まで責任を持つ必要が発生してくるのね。

KEY WORD

準事務管理
他人の事務を自己のために管理すること。この場合、管理した対象の権利を持つ者は、管理することによって発生した利益の一部を請求することができる。

準事務管理とはなに？

　事務管理では、法律上の義務がなく、他人のために行うことが要件になっていますが、自分のために他人の事務を管理することを**準事務管理**といいます。例えば、菜園をやっているCさんが、空き地になっている隣のDさんの土地で野菜を作って販売した、といった場合です。

　実際は、Dさんには土地を無断使用されたという損害しかありませんが、このままだと勝手にDさんの土地を使ったCさんは販売利益分の得をしているにもかかわらず、Dさんはそれをもらうことはできません。そこで、Dさんが自分の土地を使って得た利益の一部をCさんに返してもらうよう求める根拠として、事務管理の規定を使って解決しようとする考え方なのです。

第3章・債権
36 不当利得

不当利得とは何？
法律上の原因なくして他人の財産などを自分のものにできない

法律上の原因がないのに代金を受け取ったら不当利得になる

不当利得とは、**法律上の原因がない**のに他人の物を無断で使用するなどして**利益**を得て、それによって**他人が損**をしている状態をいいます。

例えば、Aさんは、Bさんに無断でBさんがバイク駐車場として貸しているスペースを利用していた場合、Bさんに駐車場利用料に相当する金額を支払わなければいけません。また、Aさんは、Bさんに無断でBさんの預金を引き出した場合、Bさんに引き出した預金を返さなければいけません。

Aさんの無断利用や無断引出しはまさに不当利得であり、BさんのAさんに対する不当利得返還請求権が生じているのです。

第703条
不当利得の返還義務
法律上の原因なく他人の財産又は労務によって利益を受け、そのために他人に損失を及ぼした者（以下この章において「受益者」という。）は、その利益の存する限度において、これを返還する義務を負う。

KEY WORD
法律上の原因がない
利得者が得た利益について法的根拠がなかったり、法的に正当化することができないという意味合いで使われる。

176

不当利得の要件のポイントは、①利益を受けたこと、②他人に損失を与えたこと、③受益と損失の間の因果関係、④利益について法律上の原因がないことです。

ポイントとなるのは4つ目の要件です。**法律上の原因**があれば、他人の物を利用して利益を得ていても、問題はありませんが、法律上の原因がなければ、それは不当利得となります。

> **第704条**
> **悪意の受益者の返還義務等**
> 悪意の受益者は、その受けた利益に利息を付して返還しなければならない。この場合において、なお損害があるときは、その賠償の責任を負う。

「善意」か「悪意」かによって返還する分に違いがある

不当利得が認められる場合は、得た利益を**返還**しなければなりません。

ここで問題になるのが、Bさんの同意があると思っていたAさんが、引き出した預金の一部を既に使っていた場合です。

このようなAさんを**善意の受益者**といい、手元に残っている分等（**現存利益**）を返還すれば足ります。これと

 KEY WORD
善意と悪意
法律上の原因がないことを知らない場合を善意、知っている場合を悪意という。

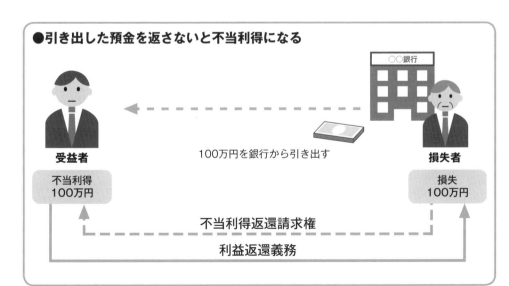

●引き出した預金を返さないと不当利得になる

は反対に、AさんがBさんの同意がないのを事前に知っていた場合は、このようなAさんを**悪意の受益者**といい、利得である引き出した預金に**利息を加えて**返還する必要があります。なお、損害があるときは、その損害を賠償しなければいけません。

不当利得でも返還を請求できない場合がある

不当利得の効果には例外があります。代表的なものとして次の2つがあります。1つ目は**非債弁済**です。非債弁済とは、債務がないのを知りながら弁済したときは返還を請求できない、というものです。つまり、債務がないのに給付したのだから、その物を返せとはいえない、というわけです。2つ目は**不法原因給付**です。法に反するような給付を行った者は、その給付の返還を請求できない、というものです。例えば、自分が出した賭博の賭け金に対し「公序良俗に反している」と無効を主張して「返してくれ」とは言えないのです。

> 📖 **第705条**
> **債務の不存在を知ってした弁済**
> 債務の弁済として給付をした者は、その時において債務の存在しないことを知っていたときは、その給付したものの返還を請求することができない。

例えば、買い物をしてその商品の金額以上を払ってしまった（過払い）場合にも、差額の返還を請求することができます。

●不当利得の法律効果

善意か悪意かによって返還する分に違いが出てくる。

善意の受益者 → 現存する利益の返還 → 損失者

悪意の受益者 → 利益の全部に利息をつけて返還 → 損失者

損害賠償請求権

第3章・債権 | 不当利得

第3章・債権

不法行為と損害賠償責任

37 不法行為

不法行為の加害者には損害賠償金を支払う責任がある

KEY WORD

過失
民法上では、ある事実に対し、認識できるはずが不注意や怠慢により認識できず、その結果、相手側に損害を与えてしまったことを指す。前方不注意による交通事故など。

📖 第709条
不法行為による損害賠償
故意又は過失によって他人の権利又は法律上保護される利益を侵害した者は、これによって生じた損害を賠償する責任を負う。

違法性・因果関係・加害者の責任能力はあるか

　人が**故意**や**過失**によって、他人の権利利益を侵害して他人に**損害**を与えることを**不法行為**といいます。故意とは、損害が発生することを認識して損害を生じさせる行為のことをいいます。過失とは、注意を怠ることで損害を発生させる行為のことをいいます。不法行為によって損害を与えた人を**加害者**といい、損害を受けた人を**被害者**といいます。

　不法行為が成立するには、他人が何らかの損害を受けているだけでは十分でなく、違法性があること、損害が加害者の行為から生じたといえること（因果関係）、加害者に責任能力があることといった要件がさらに必要となります。

180

故意や過失によって損害が生じても、**違法性**がないと不法行為は成立しません。このようなケースに**正当防衛**と**緊急避難**があります。

また、加害者に**責任能力**がないとされるケースとして、民法では、精神障害により責任を弁識する能力がない者、責任を弁識する能力がない未成年者を規定しています。これらの者が不法行為を行い他人に損害を与えた場合は、監督義務者などが代わりに責任を負うことになります。

加害者は損害賠償金を支払わなければならない

賠償の対象となるのは、金銭や債権、所有権などの財産や、生命、身体、名誉、さらに将来発生することが見込まれる利益などがあります。実際の不法行為の例としては、交通事故や公害、騒音・振動などによる生活妨害をはじめ、悪徳商法、医療事故、名誉毀損、セクシャルハラスメントなど意外なほど多いのです。

不法行為が成立すると、被害者らには原則として**金銭による損害賠償請求権**が発生します。損害賠償を請求できるのは被害者ですが、交通事故などで被害者が亡くなった場合、その家族にも損害賠償を請求できる権利があります。損害賠償の範囲は大きく財産的被害と精神的損害に分かれます。精神的損害の場合の損害賠償を**慰謝料**といいます。

損害賠償請求権の消滅時効は原則として3年と短い

不法行為の損害賠償請求権は、不法行為の瞬間から発生し、履行期が来ます。

KEY WORD
正当防衛
他人の不法行為に対し、自分の権利や法律で保護される利益を守るためのやむを得ない加害行為。

KEY WORD
緊急避難
他人の物から生じた急迫した危険を避けるため、その物を壊す行為。
※刑法の正当防衛と緊急避難の規定とはニュアンスが異なるので注意。

KEY WORD
責任能力
自分の行為が違法であり、法律上非難されることを認識できる能力がある者。通常は12歳程度で責任能力があるとされている。

> **第724条**
> **不法行為による損害賠償請求権の消滅時効**
> 不法行為による損害賠償の請求権は、次に掲げる場合には、時効によって消滅する。
> 一　被害者又はその法定代理人が損害及び加害者を知った時から3年間行使しないとき。
> 二　不法行為の時から20年間行使しないとき。

> **第724条の2**
> **人の生命又は身体を害する不法行為による損害賠償請求権の消滅時効**
> 人の生命又は身体を害する不法行為による損害賠償請求権の消滅時効についての前条第1号の規定の適用については、同号中「3年間」とあるのは、「5年間」とする。

その結果、損害賠償請求権には不法行為が発生した日から被害者に支払われる日までの遅延損害金が発生します。

損害賠償請求権には、被害者が**損害及び加害者を知った**時から**3年**（人の生命、または身体を害する不法行為の場合は5年）、または**不法行為の時から20年**で消滅する消滅時効が定められています。

被害者にも落ち度がある場合はどうなる？

賠償額を決める際に、被害者が損害を分担することがあります。例えば交通事故で加害者と被害者双方に落ち度があったケースです。この場合、加害者が支払う損害賠償額は被害者の落ち度を考慮して**減額**されます。これを**過失相殺**（かしつそうさい）といいます。ただし、加害者に不法行為が成立する場合には、被害者の落ち度がいくら大きいとしても、加害者の責任が**ゼロになることはありません**。

●加害者が未成年者だったり仕事中に加害を受けたりした場合の損害賠償責任

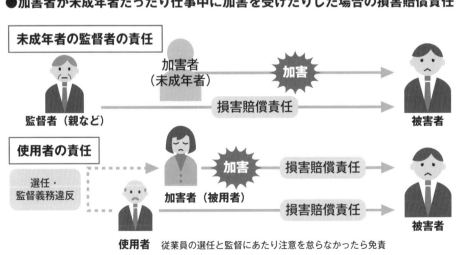

伊藤先生のズバリ回答　債権編

どんな損害が賠償の範囲に含まれる？

例えばエアコンを買ったのに壊れていた、とします。この場合、代わりのエアコンを売主が調達できなければ、主にエアコンの代金の範囲で賠償をすれば済みます。もし、それが原因で夫婦の仲が悪くなったからといっても、その分までは賠償の範囲に含まれません。なぜなら損害賠償請求権が発生するには、債権者の受けた損害と債務不履行との間に相当因果関係があることが必要だからです。

金銭債務は不可抗力が原因でも債務不履行責任を負う？

債務者が期日の到来した金銭債務を弁済するため車で債権者の元に向かう途中、大地震が発生し、弁済期日に弁済できなかったとします。この場合、債務者は「地震という予期できない天災によって弁済できなかっただけなので、責任は負わない」と主張して、債務不履行責任から逃れることはできません。金銭債務については、不可抗力による免責が認められていません。

特定物と不特定物の違いはなに？

特定物とは、当事者が個性に着目した物のことです。例えば、有名人が実際に乗っていたためにプレミア価格がつけられているクルマなどがこれにあたります。この場合、債務不履行になったら、債務者は金銭で償うほかはありません。不特定物とは、当事者にとって別の物でもいいと思える物を指します。不特定物が滅失等したら、債務者は代わりの物を用意することになります。

大家さんが代わったら賃料はいつから支払う？

賃貸借の目的物である土地が第三者に譲渡された場合、賃借人が賃借権について対抗要件を備えていれば、土地の譲受人が新たな大家さんとなります。そして、大家さんが代われば、賃料は新しい大家さんに支払うことになります。もっとも、そのためには新しい大家さんが当該土地につき対抗要件、この場合であれば所有権移転登記を具備することが前提です。なぜなら、賃借人が前の大家さんと新たな大家さんに賃料を二重に支払うことを防止すべきだからです。

保証債務を保証人が弁済したらどうなる？

保証人が履行したのは自分の債務ですが、主債務者との関係でみれば、主債務を肩代わりしたことになります。この場合、保証人は主債務者に代わって債権者に支払った金額を主債務者に要求できます。これを求償権（きゅうしょうけん）といいます。

4章

親族

第4章・親族

38 親族

親族と親族関係

6親等以内の血族、配偶者、3親等以内の姻族が親族

親族とはだれのことでしょうか？

第1章から第3章までは、私たちの暮らしを取り巻く物や権利とその取引について説明してきました。ここからは、家族や親族間の法律関係を説明していきます。民法では、家族や親族などについてのルールを決め、トラブル（紛争）が起きた場合の法的な解決方法を定めています。

よく家族関係という言葉を使います。「わが家のペットも家族の一員だ」といわれることもありますが、民法では、ペットを家族とは扱いません。そこでは家族関係を**親族**という言葉で定めています。

では親族とは何でしょう。次のページから詳しく見ていくことにしましょう。

第725条
親族の範囲
次に掲げる者は、親族とする。
一　6親等内の血族
二　配偶者
三　3親等内の姻族

KEY WORD

紛争
家族や友人間、雇われる側と雇う側、国家や民族間など、意見の相違などにより発生するもめごとを指す。

①6親等以内の血族、②配偶者、③3親等以内の姻族が親族です。

推理小説に出てきそうなむずかしい言葉が並びましたね。**親等**とは、自分を基準にした血縁の濃さを順に示している数字です。**配偶者**は夫や妻を指します。**血族**とは、父や母、祖父や祖母、兄弟など親子のつながりをたどっていける関係にある者をいいます。**姻族**とは、夫婦の一方と他方の血族との関係をいいます。また、親子のようにタテのつながりを**直系**、兄弟のようなヨコのつながりを**傍系**といいます。

親族間の中でも親等の数が大きくなればなるほど遠い親戚となるわけですね。

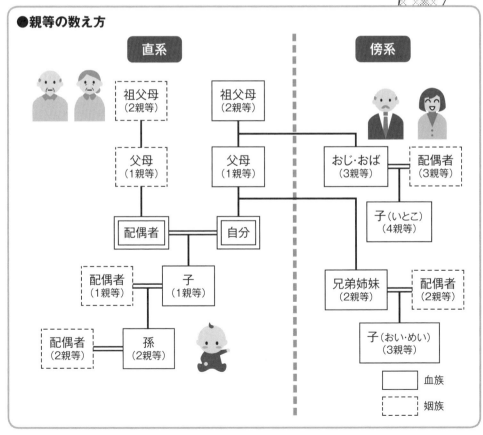

●親等の数え方

> **第726条**
> **親等の計算**
> 1　親等は、親族間の世代数を数えて、これを定める。
> 2　傍系親族の親等を定めるには、その1人又はその配偶者から同一の祖先にさかのぼり、その祖先から他の1人に下るまでの世代数による。

KEY WORD
相続
基本的には、人が死亡した際、その人が生前に所有していた財産上の権利や義務を一定の範囲の血縁関係又は親族が引き継ぐこと。

KEY WORD
扶養義務
独立して生活できない親族を経済的に支える義務のこと。扶養されるべき親族は、扶養義務を負っている親族に対して経済的な援助をするように求めることができる。

親等の数え方は1つの親子関係が基本単位

親等の数え方を説明しましょう。**1つの親子関係が1単位**で、これが基本です。自分から数えて親や子どもは1親等、祖父や祖母、孫は2親等となります。兄弟は、いったん自分の親に戻り（1親等）、別の親子関係（1親等）を加えるので2親等という計算になります。配偶者の間には親等の考えはありません。

ちなみに、親族は親類縁者とは異なります。例えば義理の母の葬式に、妻と義父、自分の両親、自分の兄とその配偶者、自分の妹とその配偶者が集まりました。一族が故人をしのぶ様子が浮かびますが、民法では、**配偶者の一方の血族ともう一方の血族との間には親族関係はありません**。親類縁者と民法の親族とは違うのです。

親族には相続権、扶養義務が生じる

親族であることから、様々な権利や義務が生じます。現実の問題として最も多く登場するのが**相続**です（P212）。また、親族関係にあれば、直系血族や兄弟姉妹間に**扶養義務**が生じます。

例えば、両親が亡くなって未成年の子どもが1人残された場合、だれが面倒を見たらよいのか、民法ではその決定方法を定めています。また、親族の婚姻や養子縁組の取消し、後見人の選任や解任を裁判所に求めることができるのは、本人の親族に限られることが少なくありません。

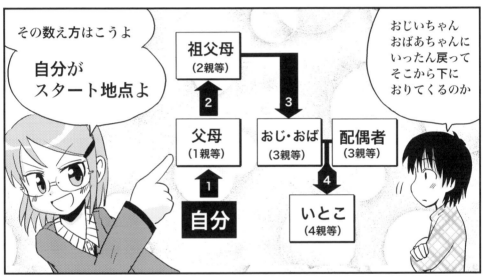

第4章・親族

39 婚姻と離婚

婚姻・離婚とその効力

婚姻や離婚は法が定める手続をふまないと認められない

婚姻届を提出しないと婚姻と認めてもらえない

　婚姻による夫婦関係は親族関係の基本として重要です。民法では、多くの規定が設けられています。

　婚姻には、当事者間の**意思の合致**が必要です（実質的要件）。その意味では契約の一種です。ただ、契約ならば当事者間の意思表示の合致だけでも成立しますが、婚姻については、**婚姻届**という書面を役所に提出しないと成立しません（形式的要件）。

　民法が認めたこのような正式の婚姻を**法律婚**といいます。これに対して、そのような届けを出さないで生活している夫婦も少なくありません。このような夫婦関係を**事実婚**といいます。事実婚は法律上婚姻とは認められません。**内縁**関係にある状態とも呼ばれます。

KEY WORD

内縁
婚姻届を提出せずに事実上、婚姻関係にある状態。事実婚ともいう。内縁関係にある者同士の間では、基本的に相続は認められない。

婚姻が成立するためには、**婚姻障害**がないこと、すなわち、①男性18歳、女性16歳の年齢に達していること（2022年4月1日より男女ともに18歳）、②重婚ではないこと、③再婚禁止期間ではないこと、④近親婚ではないこと、⑤未成年者は父母の同意があること（片方の同意でよい）が必要です。これらに反する婚姻は、⑤を除いて取り消すことができます。

再婚禁止期間の規定が女性だけを対象としている目的は、生まれてくる子どもの父親がだれかわからなくなることを防ぐ点にあります。相続の問題などとも関係するので、父子関係は明らかにしておく必要があるのです。

婚姻によって、**姓**を共同にすることのほかに、**同居・協力・扶助**義務、**貞操**を守る義務などが発生します。

偽装による婚姻は無効

婚姻届が提出されても、実質的な**婚姻の意思**がなければ、婚姻は**無効**となります。例えば偽装結婚がこれにあたります。また、事実婚にある当事者の一方が無断で婚姻届を出した場合も、当事者間の意思の合致を欠くことになるので、婚姻は無効です。

婚姻障害による婚姻の**取消し**は、法律上、取消権をもつ者が裁判所に請求して行われ、裁判外ではできません。また、詐欺や強迫による婚姻も取り消すことができます。

婚姻後に生じた事情に基づいて夫婦関係を解消する原因は、配偶者の死亡または離婚です。

離婚は婚姻と同じく当事者間の**意思が合致**することが必要です。これを**協議離婚**といいます。ただ、婚姻と同

KEY WORD

近親婚
直系血族および3親等内の傍系血族等は結婚することができない。

KEY WORD

再婚禁止期間
夫と死別、離婚、婚姻の取消しをした場合は、100日経った後でなければ再婚できない（女性が再婚する場合のみの規定）。なお、2016年の改正で、再婚禁止期間は、従来6ヶ月だったものが100日に変更された。

KEY WORD

離婚原因
・不貞（浮気など）
・悪意の遺棄
・配偶者の生死不明が3年以上
・配偶者が強度の精神病で治る見込みがない
・その他婚姻を継続しがたい重大な事由があるとき

KEY WORD

離婚の身分上の効果
・再婚ができる
・姓を婚姻前のものに戻すことができる
・子の親権者が決まる
・祭祀財産の継承者が決まる

様に、合意だけでなく、**離婚届**という書面を役所に提出しないと成立しません。合意がなくても、民法が定めている離婚原因がある場合は夫婦の一方から裁判所に訴えを起こして離婚することができます。これを**裁判離婚**といいます。

夫婦の財産は婚姻、離婚でどうなる

婚姻したら、夫婦の財産関係はどうなるのでしょう。夫婦間の財産にかかわる権利と義務は夫婦共同のものか、それとも夫婦別々か、という問題です。これについて、民法では**夫婦財産制**という仕組みを定めています。

婚姻前に夫婦間で**夫婦財産契約**という特別の契約をすれば別ですが、そうでない普通の場合は、民法の規定に従います。そこでは、婚姻費用（生活費）を夫婦で分担すべきことや、日常家事債務は夫婦で連帯責任を負うべきことが定められています。これを**法定財産制**といいます。ちなみに夫婦財産契約とは、例えば「ローンやクレジットの債務は全部夫が負う」というようなものです。

では、離婚したら夫婦の財産はどうなるのでしょう。夫婦間で**財産分与**が行われます。夫婦の財産関係の清算等です。財産分与は当事者の協議によって行われますが、決まらないときは、家庭裁判所に請求することができます。

財産分与にあたっては、慰謝料や子どもの養育費に相当する額を含めて財産分与の額を決めるのが通例となっています。

📖 **第755条**
夫婦の財産関係
夫婦が、婚姻の届出前に、その財産について別段の契約をしなかったときは、その財産関係は、次款に定めるところによる。

KEY WORD
法定財産制の内容
・婚姻費用（生活費）の分担
・日常家事債務は夫婦の連帯責任
・夫婦各自の財産は各自のもの
・所属不明の財産は夫婦の共有財産と推定

📖 **第756条**
夫婦財産契約の対抗要件
夫婦が法定財産制と異なる契約をしたときは、婚姻の届出までにその登記をしなければ、これを夫婦の承継人及び第三者に対抗することができない。

第4章・親族 実子・養子と親子関係

40 親子
法律によって親子関係が生じることもある

血のつながりのある子が実子

KEY WORD

養子
血縁関係にない者同士が、養子縁組（親と嫡出子との間に発生する親子関係と同等の法律関係を成立させる行為）を結んだ際の子ども側を指す。

　私たちの生活において、親子関係は夫婦関係と同じく重要です。そこで民法も、婚姻とならび**親子関係**について詳しい規定をおいています。

　親子の関係には、法律上の婚姻関係にある男女を親として生まれた**嫡出子**、そうでない**非嫡出子**という区別があります。また、血のつながりがある**実子**と、血のつながりがない**養子**という区別もあります。

　嫡出子か非嫡出子かを判断する決め手は、**「父親がだれか」**ということです。民法では、婚姻成立の日から200日後、または婚姻解消の日から300日以内に生まれた子は、婚姻中に懐胎したものとし、夫が実の父親である可能性が高いので、**嫡出子と推定**される、としています。

なお、最近まで非嫡出子の**相続分**は、嫡出子の2分の1と規定されていました。しかし、2013（平成25）年9月に最高裁判所が、この区別を憲法違反であると判断したことを受けて、同じ年の12月にこの規定は民法から削除されました。そのため、現在は、嫡出子と非嫡出子の相続分は平等になっています。

> 📖 **第787条**
> **認知の訴え**
> 子、その直系卑属又はこれらの者の法定代理人は、認知の訴えを提起することができる。ただし、父又は母の死亡の日から3年を経過したときは、この限りでない。

非嫡出子は認知によって法律的に親子となる

もし夫が、「妻が生んだ子は自分の子ではない」と主張したければ、家庭裁判所に**嫡出否認の訴え**を起こすことになります。訴えが認められれば、その子は非嫡出子となります。また、妻が「生んだ子の父親は前の夫か、今の夫かはっきりさせたい」と、家庭裁判所に訴え、DNA鑑定などによって決めてもらうこともできます。

男性が、婚姻関係にない女性との間に生まれた非嫡出子（婚外子）について、「実の父親は自分だ」と認める

非嫡出子が認知されるには「父親が自発的に認知する」か「子からの認知請求による強制認知」の2通りがあるんだ〜。

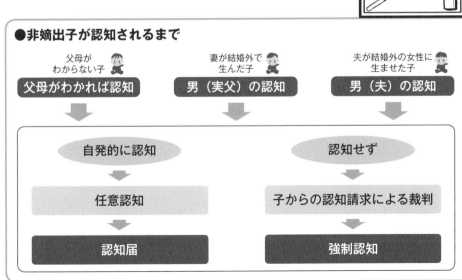

●非嫡出子が認知されるまで

第779条
認知
嫡出でない子は、その父又は母がこれを認知することができる。

KEY WORD
普通養子縁組
縁組後も、実の親と養子との親族関係が維持される養子縁組。

KEY WORD
特別養子縁組
縁組後、実の親との親族関係が終了する養子縁組。

第809条
嫡出子の身分の取得
養子は、縁組の日から、養親の嫡出子の身分を取得する。

ことを**認知**（**任意認知**）といいます。

認知がないと、非嫡出子と、この男性との間の親子関係はないままです。父親が自分の意思で認知するのとは異なり、子やその母の側から男性に対して、「この子はあなたの子よ」と認知を求める訴えを家庭裁判所に起こすこともできます。これを**強制認知**といいます。

養子縁組をすることで親子関係が生じる

養子は、法律の定めによって親子関係を生じさせるものです。このように親子関係を生じさせることを**養子縁組**といいます。養子縁組は、婚姻と同様に当事者による**合意**と、書面による役所への**届出**が必要です。

問題となるのは、先ほども触れた未成年者が養子になる場合です。未成年者で15歳未満の者は自分で養子になる意思表示ができません。そこで、親権者（P198）や後見人（P202）が法定代理人となり、15歳未満の者に代わって意思表示をすることになります。これを**代諾縁組**といいます。15歳以上の未成年者は自分の意思で養子になることができますが、15歳未満の場合と同じく原則として**家庭裁判所の許可**が必要です。これは人身売買的な養子縁組を防ぐためです。

養子縁組をすると**親子関係**が発生します。養子の親（養親）の血族との間には親族関係が生じますが、養子の血族と養親の血族との間には親族関係がありません。

養子縁組の解消には、婚姻と同じように**協議離縁**と**裁判離縁**があります。また養子か養親の**どちらかの死亡後**によっても養子縁組を解消することができます。

第4章・親族

41 親権

親権とはどんな権利？

未成年の子を監護・養育し、財産を管理する権利

 親権は両親が共同で行うのが原則

第818条
親権者
1　成年に達しない子は、父母の親権に服する。
2　子が養子であるときは、養親の親権に服する。
3　親権は、父母の婚姻中は、父母が共同して行う。ただし、父母の一方が親権を行うことができないときは、他の一方が行う。

　未成年の子が成人になるまで監護（監督・保護）・養育し、またその子の財産を管理する権利を**親権**といいます。子は実子、養子を問いません。子が成年になれば親権は消滅します。

　親権は、両親が**共同で行うのが原則**ですが、両親が離婚したり一方しかいないときは、父母どちらか一方の**単独親権**となります。また、子が非嫡出子のときは母親の単独親権となりますが、認知した父親がいる場合は、父親を親権者にできる場合もあります。

　両親が離婚するとき、子の親権はどちらにあるのか、しばしば争いになるのは、テレビドラマに限ったことではありません。

基本は離婚する両親が話し合って決めるのですが、すんなりと話がまとまらないときもあります。話合いがつかないときは家庭裁判所に調停・審判の申立てをします。

 親権には身上監護権と財産管理権がある

親権は、大きく2つに分けることができます。子の身上にかかわる権利義務と、子の財産にかかわる権利義務です。前者を**身上監護権**といい、後者を**財産管理権**といいます。

身上監護権の内容は、監督・保護・養育、居所の指定、懲戒、職業の許可や取消しなどです。親に未成年の子を監督・保護・養育する権利義務があることは当然のことです。

「居所の指定」とは、親が子を監督・保護・養育するため子がどこに住むかを指定することをいいます。実際に行使する場面はほとんどありません。

懲戒権とは、親が子を監督するため、教育上必要な範囲内で実力行使を行うことをいいます。簡単にいえば「しつけ」です。職業許可権とは、子が職業に就いたり、営んだりすることに対する許可権です。

財産管理権の内容は、法律行為の代理権、同意権、取消権です。総則規定の自然人のところで、未成年者の法定代理人は親権者だと説明しました。それは、親権者に財産管理権があるからです。同意権、取消権も同様です。

ただし、親権者と子の**利益が相反する**ときは、家庭裁判所が選任した特別代理人が財産管理を行います。例えば、親権者と子が共同相続人となって遺産分割協

KEY WORD
身上監護権の内容
・居所の指定
　親が子を監督・保護・養育するため子がどこに住むかを指定する権利
・懲戒権
　親が子を監督するため、教育上必要な範囲内で実力行使を行うこと
・職業許可権
　子が職業に就いたり営むことに対する許可権

第820条
監護及び教育の権利義務
親権を行う者は、子の利益のために子の監護及び教育をする権利を有し、義務を負う。

199

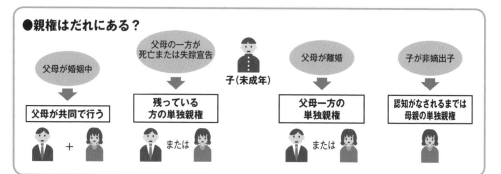

● 親権はだれにある？

父母が婚姻中	父母の一方が死亡または失踪宣告	子（未成年）	父母が離婚	子が非嫡出子
↓	↓		↓	↓
父母が共同で行う	残っている方の単独親権		父母一方の単独親権	認知がなされるまでは母親の単独親権

KEY WORD
濫用
形式的には権利の行使とみられるが実質的には正当な行為とはいえないこと。

第834条
親権喪失の審判
父又は母による虐待又は悪意の遺棄があるときその他父又は母による親権の行使が著しく困難又は不適当であることにより子の利益を著しく害するときは、家庭裁判所は、子、その親族、未成年後見人、未成年後見監督人又は検察官の請求により、その父又は母について、親権喪失の審判をすることができる。ただし、2年以内にその原因が消滅する見込みがあるときは、この限りでない。

議（P219）をするときに、親権者が自分だけ有利な取決めをしないように特別代理人を選び、子の利益を守るためです。

親権を濫用すると剥奪される

親権は、子の利益のために行使されなければなりません。例えば、実の親であっても、必要な範囲を超えて懲戒権を行使すれば親権の濫用となり、暴行の罪に問われることもあります。実の親による幼児虐待のケースがまさにこれにあたります。また、養育を放棄することも子の健全な福祉に反する行為です。

そのようなときには、子の親族や検察官が家庭裁判所に**親権喪失の請求**などをすることができます。裁判所は請求内容を調べ、親権の喪失の審判をすることになります。実の親であっても、民法上「親の資格はない」とされるのです。

この場合、父母の一方だけが親権者になります。親権者がいなくなるときは、家庭裁判所によって後見人が選任されます。また、財産管理能力に欠ける場合、親の管理権だけを喪失させることもできます。

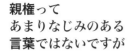

第4章・親族
42 後見

後見とはどういう制度？

未成年者や判断能力を欠く成年を保護する制度

親権者がいない未成年者を保護する後見制度

親の死亡や親権の剥奪によって、未成年者に親権者がだれもいなくなってしまった場合、その子を保護する制度があります。これが**後見**です。保護者代わりになる人を**後見人**といいます。

未成年者は、判断能力が不十分なので、通常は親権者が財産を管理します。この親権者が両方とも死亡したときには未成年者を保護する人がいなくなるので、保護者を別に選ばなければなりません。その保護者が後見人です。後見人につく人は、親権者が残した**遺言**（P222）で指定されていれば、その人がその承諾を経て就任します。承諾がなかったり、遺言で指定されていないときは、未成年者本人や親族からの申立てによって、**家庭裁判所**

第838条
後見の開始
後見は、次に掲げる場合に開始する。
一　未成年者に対して親権を行う者がないとき、又は親権を行う者が管理権を有しないとき。
二　後見開始の審判があったとき。

KEY WORD
遺言
生前に自分の死後における権利や義務の相続関係について、その意思をしたためた文書。一定の書式が求められる。

が後見人を選任します。

　後見人が就任するのは、このように両親が死亡した場合以外にも、両親ともに精神上の大きな障害があったために親権喪失の審判などを受けた場合も含まれます。これに対して、両親の一方が死亡しても、もう一方の親が親権を行使できるので、後見は開始されません。

　後見は、**成年被後見人**に対しても行われます。成年被後見人は、精神上の障害によって事理を弁識する能力を欠いているので、未成年者同様に保護者が必要だからです。この場合の後見は、本人や4親等内の親族などの請求に基づき、**家庭裁判所**による後見の審判によって行われます。だれが後見人になるかもそこで決められます。

「後見人の事務」とは後見人の仕事のこと

　後見人の仕事を、民法では**後見人の事務**といいます。その中身は何でしょう。未成年者の後見の場合は、親権者と同じく、**身上監護と財産管理**です。

　身上監護の内容は、監督・保護・養育、居所の指定、懲戒、職業の許可や取消しなどで、親権の内容と同じです。財産管理権の内容も、法律行為の代理権、同意権（未成年後見の場合）、取消権で、親権の内容と同じです。

　成年者の後見の場合も、成年被後見人の心身の状態や生活状況に配慮して事務を行うことが求められます。成年被後見人の居所の用に供する不動産の売却や賃貸、抵当権設定などを行う場合は、家庭裁判所の許可が必要になります。後見人が立場を悪用するなどして、成年被後見人の利益を侵害することを防いでいるのです。

第820条
監護及び教育の権利義務
親権を行う者は、子の利益のために子の監護及び教育をする権利を有し、義務を負う。

第821条
居所の指定
子は、親権を行う者が指定した場所に、その居所を定めなければならない。

後見人が権限を濫用しないかどうかをチェックするため、**後見監督人**（こうけんかんとくにん）が選任される場合もあります。

後見のほかにも、制限行為能力者を保護する制度があります。精神上の障害によって判断する能力が著しく不十分な者を保護する制度が**保佐**です。また、精神上の障害によって判断する能力が不十分な者を保護する制度が**補助**です。

契約によって後見人になってもらう任意後見制度

高齢化社会が進むと、高齢者の財産を適正に保護する必要が高まってきます。それに応える制度の1つに**任意後見制度**があります。例えば、認知症などによって法的判断能力を大きく欠いてしまった後では、法律行為を満足に行うことができません。

任意後見制度は、本人が法的判断能力のあるうちに、それが不十分になった場合に備え、後見人の事務内容や後見人となる人を前もって契約しておく制度です。この契約を、**任意後見契約**といいます。

KEY WORD
認知症
通常に発育してきた脳が、後天的な何らかの原因によってその知的能力を損なう症状をいう。正常な判断力を欠いてしまう場合には、後見人が必要となることもある。

今後ますます高齢化の進展が予測されるため、後見人は社会的に重要な役割を担う立場となるでしょう。

●後見人の仕事

家庭裁判所 → 後見人選定・後見開始の決定 → **後見人**

後見監督人 → 権利の濫用をチェック → **後見人**

後見人 → **未成年者**
- ■身上監護：監督・保護・養育、居所の指定、懲戒、職業の許可や取消し
- ■財産管理：財産管理権・代理権・同意権

後見人 → **成年者**
- ■身上監護：被後見人の身上に配慮
- ■財産管理：財産管理権・代理権　居住する家など処分するときは家庭裁判所の許可が必要

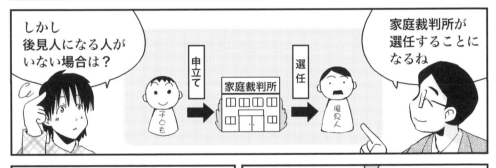

第4章・親族 **扶養と扶養義務**

43 扶養

親子・夫婦に限らず親族の間には扶養義務がある

直系血族や兄弟姉妹の間にも扶養義務がある

扶養とは、親族を経済的に支えることをいいます。

家族の中で、経済的な力やゆとりのある者が、子どもや配偶者を経済的に支えるのは、ごく当然のことです。

ではどこまでの親族に扶養義務があるのでしょうか。民法では、経済的な力やゆとりのある者には、自分の配偶者や子ども、老親を扶養する義務はもちろん、直系血族や兄弟姉妹の間にも扶養義務を課しています。また、**3親等内の親族間**（おじ・おば・おい・めい）にも、特別な事情があるときは、家庭裁判所の審判によって扶養義務が発生することがあります。

扶養義務には、自分と同じ程度の生活を送れるようにする**生活保持義務**と、経済的にゆとりのある者が困窮し

第877条
扶養義務者
1　直系血族及び兄弟姉妹は、互いに扶養をする義務がある。
2　家庭裁判所は、特別の事情があるときは、前項に規定する場合のほか、3親等内の親族間においても扶養の義務を負わせることができる。（以下条文略）

ている者を扶助する**生活扶助義務**があります。

親族の間には扶養を求める権利がある

扶養義務を逆から見れば、自分の力だけでは経済的に生活を維持できない者や、お金がなくて生活に困っている者は、経済的にゆとりのある親族に対して扶養を求める権利（**扶養請求権**）がある、ということです。

扶養の方法には、金銭による扶養と引取りによる扶養があります。どの程度、どんな方法で扶養し、まただれが引き取るのかは、当事者の話合いで決めるのが基本です。

夫婦や親子間であれば、暗黙の了解も自然の成り行きかもしれません。しかし、直系血族や兄弟姉妹であっても、別居している場合があります。これらの親族間で扶養義務が生じたとき、扶養の金額や方法がスムーズには決まらないケースもあるでしょう。

> **KEY WORD**
> **直系の血族**
> 祖父母、父母、子、孫のように直線状に結ばれる血縁関係を指す。民法上では養子も養子縁組を結んだ日から直系血族として認められる。ほかに曾祖父母や曾孫など。

場合によっては、おじやおばにまで扶養を求める権利が発生するなんて意外ですね～。

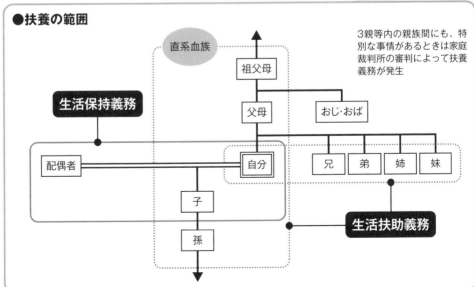

●扶養の範囲

3親等内の親族間にも、特別な事情があるときは家庭裁判所の審判によって扶養義務が発生

> **第879条**
> **扶養の程度又は方法**
> 扶養の程度又は方法について、当事者間に協議が調わないとき、又は協議をすることができないときは、扶養権利者の需要、扶養義務者の資力その他一切の事情を考慮して、家庭裁判所が、これを定める。

このような場合は**家庭裁判所**が審判をすることになります。

離婚すると子に養育費を支払わなければならない

夫婦が離婚するとき、残された成年に満たない子の扶養義務はどうなるのでしょう。

夫婦が離婚することになれば、子は自分の力だけでは経済的に生活を維持できません。そこで、子が大人として自立できる年齢になるまでに必要な費用などを、子を養育しない他方の親が支払うことがあります。これが**養育費**です。母親が養育し、収入の多い父親が養育費を負担することが多いですが、その逆のパターンもありえます。離婚してからも、子が成年者になるまで養育費の支払いを求めたり、相手が応じないときは家庭裁判所に調停や審判を申し立てたりすることができます。また、養育費が足りなければ、子が父母の一方に対して扶養料を払ってもらうよう、家庭裁判所に調停や審判を申し立てることができます。

> 親権を持った扶養する親だけでなく、子供からも養育費を請求することができるんですね。

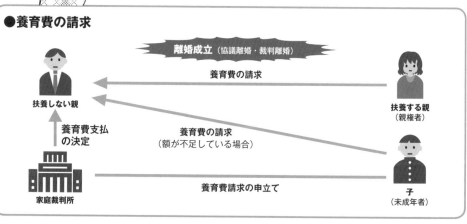

●養育費の請求

伊藤先生のズバリ回答　親族編

親族関係になるとどうなる？

民法では、6親等以内の血族、配偶者、3親等以内の姻族を親族としています。普段の生活ではお互いに親族であることはあまり実感しません。しかし親族には、親族の婚姻や養子縁組の取消請求権、後見人の選任・解任請求権などの権利が与えられています。親族であることを最も意識するのが相続の問題です。また、一定範囲の親族間で扶養義務があることも覚えておきましょう。

婚姻によって2人はどう変わる？

婚姻が成立すると、1つの戸籍を作り夫婦どちらか一方の姓を名乗ります。同居の義務や貞操義務が発生し、この義務に反すると法律的に離婚の原因となり得ます。また、お互いに同じ程度の生活レベルを要求できる扶養請求権や、配偶者の一方が死亡したときには相続権も発生します。

離婚すると夫婦はどうなる？

離婚によって婚姻関係を解消すると、他方の血族との姻族関係が終了し、婚姻前の姓に戻すことができます。未成年の子がいる場合、夫婦のどちらかを親権者とすることが必要になります。当事者間で話合いがつかなければ、家庭裁判所に申し立てて決めてもらいます。一方、再婚は自由にできます。以上の親族関係に加えて財産の面からは、財産分与が行われるほか、慰謝料や養育費の支払いが行われます。

婚姻成立後200日以内に生まれた子の身分は？

民法では、婚姻成立の日から200日後、または婚姻解消の日から300日以内に生まれた子を嫡出子と推定しています。では、婚姻成立の日から200日以内に生まれた子はどうなるのでしょうか。この場合、婚姻前に内縁関係が成立してるケースが多いことを踏まえて、推定を受けない嫡出子と扱われ、戸籍上も嫡出子となります。

親権者は子の財産を自由に売買できる？

親権はとても強い権利ですが、それはあくまで子の利益のために行使されなければなりません。例えば、子の財産を親権者に売るケースなどは、親権者と子の利益が相反します。このような場合は、親権者は子の特別代理人の選任を家庭裁判所に請求する必要があります。子に関するすべての代理行為ができるわけではないのです。

5章

相 続

ここでは遺言や遺産分割
など、相続に関する権利
や義務について解説をし
ます。

第5章・相続
44 相続

相続とは何？
亡くなった人の財産や財産上の権利義務は引き継がれる

 KEY WORD

財産上の権利義務
財産上の権利義務には、土地や建物などの不動産や自動車や時計などの動産の所有権もあれば、通常の保証債務や連帯保証債務といった義務もある。

📖 **第882条**
相続開始の原因
相続は、死亡によって開始する。

 相続は人が死亡したと同時に開始される

　相続とは、亡くなった人が持っていた財産や財産上の権利義務を、他の者が引き継ぐことをいいます。この場合の亡くなった人を**被相続人**、相続する人を**相続人**といいます。

　人は、死亡すると権利能力を失います。では、その人が持っていた財産や財産上の権利義務はどこへいくのでしょうか。

　相続は、被相続人が**死亡したと同時に開始**されます。したがって、引き継がれるべき財産の持ち主が、一瞬であってもこの世に存在しないということはなく、相続人に相続されていくのです。失踪宣告によって死亡とみなされた場合も同じです。

相続の制度には、法律の定めによって、亡くなった人が持っていた財産や財産上の権利義務を、空白の時間なく引き継ぐことで、社会のルールを律する役目があるのです。

相続は、被相続人の死亡と同時に開始されますが、相続人が被相続人の死亡を**知らなくても**、被相続人の財産や財産上の権利義務は引き継がれます。

相続の順番は法律で決められている

だれが相続人になるかは、法律で決められています。民法では、一定の範囲内の親族を**法定相続人**としています。

相続の順番も法律で決められています。

相続の順番は、**第1順位**が子です。子には胎児も含まれます。もし子が、被相続人より先に死亡していた場合

> **相続法改正について**
>
> 2018（平成30）年7月6日民法及び家事事件手続法の一部を改正する法律が成立し、順次施行されています。特に配偶者居住権の創設（2022年4月1日施行）は、理論的にも実務的にも重要な改正といえます。

相続人の順位は法律で定められています。

●法定相続人の順位

第1順位

 ＋

配偶者　　子

子が死亡しているときは、孫が代わりに相続

第2順位

 ＋ 被相続人の父母

配偶者　　被相続人の父母

父母が死亡しているときは、祖父母が相続

第3順位

 ＋

配偶者　　被相続人の兄弟姉妹

兄弟姉妹が死亡しているときは、その子（おい・めい）が代わりに相続

配偶者は常に相続人となる

> **KEY WORD**
> **代襲相続**
> 相続人が相続の開始前に死亡したときは、その人の子が代わりに相続できる。

は、代わりに孫が相続人になります。これを**代襲相続**といいます。

第2順位が父や母など直系尊属です。**第3順位**が兄弟姉妹です。兄弟姉妹が死亡しているときは、その子（おい・めい）が代わりに相続します。

この順位に従って、優先されるべき順位の相続人がいなければ、1つ下の順位の者が相続人となります。

配偶者は、これらの相続人がいるか否かに関係なく、常に相続人となります。

相続財産の不正な独り占めはできない

> **第887条**
> **子及びその代襲者等の相続権**
> 1　被相続人の子は、相続人となる。
> （以下条文略）

> **第890条**
> **配偶者の相続権**
> 被相続人の配偶者は、常に相続人となる。
> （以下条文略）

推理小説などで、相続財産を独り占めしようと、自分以外の相続人を亡き者にしてしまうストーリーをたまに見かけます。しかし、社会的なルールから見て、このような行為は許されません。民法は、このような不正を働いた者から相続人としての資格を失わせることにしています。このような仕組みを**相続欠格**といいます。

また、被相続人が生前、相続人から虐待を受けるなどしていた場合、その人の相続権を家庭裁判所に請求して奪うこともできます。これを**相続廃除**といいます。

> **KEY WORD**
> **相続廃除**
> 被相続人が、相続人から生前に暴力をふるわれていたり虐待をされていた、侮辱されていたなどの事実があった場合、被相続人は家庭裁判所への請求又は遺言により相続権を失わせることができる。

もし、本当は相続人ではない人（**表見相続人**）が相続したらどうなるでしょう。本当の相続人は相続権を侵害されたことになります。そこで、本当の相続人は表見相続人に対して財産の返還を求めることができます。この制度を**相続回復請求権**といいます。

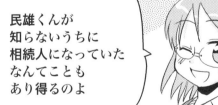

第5章・相続
45 相続分と遺産分割

遺産はどのように分けられる？

だれが何をどれだけ相続するか
それを決めるのが遺産分割

KEY WORD
マイナスの財産
税金、借金、保証、損害賠償など債務が中心になる。消極財産ともいう。相続人が相続すれば、これらも相続することになる。

KEY WORD
祭祀財産
系譜（家系図など）や祭具（位牌・仏壇）、墳墓（墓石・墓地）などを祭祀財産という。一般財産とは違い慣習に従って祖先の祭祀を主宰すべき者が承継することになる。

だれが相続人になるかに応じ相続分の割合が決まる

　被相続人の財産が**遺産**です。遺産は土地や家、預貯金や株式など、プラスの財産だけではありません。借金などマイナスの財産もあります。先祖の墓など祭祀財産もあります。相続人は、基本的にこれらすべてを引き継ぐことになります。これを**包括承継**といいます。

　相続人が1人の場合は特に問題はありません。しかし、2人以上いる場合は、遺産はいったん**相続人全員の共有**になった後に、**遺産分割手続**を経て、各相続人に分配されます。

　遺産を引き継ぐ割合を**相続分**といいます。相続分は、被相続人が生前に**遺言**で決めることができます。これを**指定相続分**といいます。遺言がないと法律の定めによっ

て決められます。これを**法定相続分**といいます。

法定相続分は、だれが相続人になるかに応じて、その割合が決まります。下の図で解説しますので、よく確かめましょう。

特別受益者と寄与分

相続は、指定相続分や法定相続分どおりの単純な計算で決まればスムーズにいくのですが、次にあげる2つの事情がからんでくると複雑になってきます。

1つ目が、被相続人から**生前に贈与**を受けた相続人が

基本的には遺言がなくても法定相続分を参考にすることで、トラブルを回避することも可能なのですね！

●法定相続分の計算

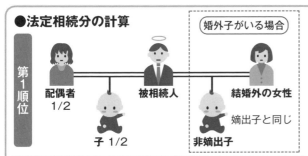

子と配偶者が相続人

配偶者：1/2
嫡出子と非嫡出子と
合わせて：1/2

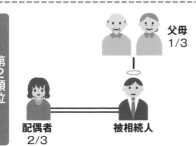

直系尊属と配偶者が相続人

直系尊属：1/3
配偶者：2/3

兄弟姉妹と配偶者が相続人

配偶者：3/4
兄弟姉妹：1/4
異父母の兄弟姉妹の相続分は同父母の兄弟姉妹の1/2

いた場合です。

　被相続人に借金の肩代わりをしてもらった、マイホーム資金を出してもらった、などのケースがこれにあたります。この相続人を**特別受益者**といいます。そして、もし法定相続分に従って相続分を決めるとすれば、この特別受益者は結果的に多くの財産を手にしてしまい、不公平になります。そこで、特別受益者が受け取った分（受益分）は遺産に持ち戻して計算することにしています。

　2つ目が、遺産の増加に寄与した相続人がいる場合です。例えば、被相続人が商店を営んでいたとします。長男は被相続人に代わって商店を切り盛りして繁盛させたのに対し、次男は独立して会社勤めでした。この場合、長男の相続分には、商店を繁盛させた貢献度に応じて、一定の金額が加算されます。これを**寄与分**といいます。

遺産分割協議は相続人全員の合意が必要

　遺産は現金や預貯金だけとは限りません。家や土地、クルマから、後で見つかった借金まであるかもしれません。特別受益者の存在や、寄与分も考慮しなければなりません。そこで、それらを考慮しながら現実的な遺産の

> **第903条**
> **特別受益者の相続分**
> 1　共同相続人中に、被相続人から、遺贈を受け、又は婚姻若しくは養子縁組のため若しくは生計の資本として贈与を受けた者があるときは、被相続人が相続開始の時において有した財産の価額にその贈与の価額を加えたものを相続財産とみなし、第900条から第902条までの規定により算定した相続分の中からその遺贈又は贈与の価額を控除した残額をもってその者の相続分とする。
> （以下条文略）

●相続財産の計算方法

プラス財産 － マイナス財産（債務100万円） ＋ 特別受益分 － 寄与分 ＝ 相続財産

218

分割方法を決めることになります。これが**遺産分割**という手続です。

被相続人が**遺言**によって遺産分割方法を決めていればそれに従うことになりますが、遺言がない場合は、だれが、どの財産を、どれだけ相続するのか、**相続人全員の話合い**によって決めることになります。この話合いを**遺産分割協議**といいます。

遺産分割は、話し合って決めた結論であれば、必ずしも法定相続分どおりに行う必要はありません。

遺産分割協議の最大のポイントは、相続人**全員が参加**すること、**全員が合意**することです。1人でも話合いにノーといえば、遺産分割協議は成立しません。

遺産分割協議がこじれてしまったり、話合いそのものができない場合は、**家庭裁判所の調停や審判**によって分割方法を決めることになります。

相続を承認するか放棄するか考える時間は3ヶ月

相続は、被相続人が死亡したと同時に開始されますが、もし多額の借金を相続人が引き継ぐような場合には、相続するかしないかについて相続人によく考えさせるほうが、その意思を尊重できます。そこで、相続人には相続を承認するかしないかを考える時間が与えられています（**熟慮期間**）。その期間は、相続の開始を**知った日から3ヶ月間**です。

この3ヶ月の間に相続人は、①被相続人の財産と財産上の権利義務を無条件に受け継ぐか（**単純承認**）、②プラスの財産の限度内で負債を弁済する責任を負い、残っ

KEY WORD
遺産分割の遡及効
遺産分割が成立したときに、各相続人がその財産を相続開始の日に被相続人から直接引き継いだものとして扱うこと。

第906条
遺産の分割の基準
遺産の分割は、遺産に属する物又は権利の種類及び性質、各相続人の年齢、職業、心身の状態及び生活の状況その他一切の事情を考慮してこれをする。

第915条
相続の承認又は放棄をすべき期間
1　相続人は、自己のために相続の開始があったことを知った時から3箇月以内に、相続について、単純若しくは限定の承認又は放棄をしなければならない。ただし、この期間は、利害関係人又は検察官の請求によって、家庭裁判所において伸長することができる。
2　相続人は、相続の承認又は放棄をする前に、相続財産の調査をすることができる。

> **KEY WORD**
> **相続の承認・放棄の撤回**
> 相続人がいったん相続の承認または放棄を決めると、相続の開始を知った日から3ヶ月以内であっても撤回することはできない。

た財産と財産上の権利を受け継ぐか（**限定承認**）、③被相続人のプラスの財産もマイナスの財産も一切相続しないか（**相続放棄**）という、いずれかの方法を選ぶことができます。もし、何もせずに**3ヶ月**が過ぎれば、**単純承認**とみなされます。

相続人がいなければ特別縁故者に財産分与

もし、相続人や相続人らしい人がいなかったらどうなるでしょう。

まず、家庭裁判所が相続人に名乗りでるよう、家庭裁判所の掲示板や**官報**に掲示、掲載して働きかけをします。

6ヶ月経っても相続人が現れなかったら、被相続人と生前ゆかりが深かった者（**特別縁故者**）に、財産が分け与えられます。この手続はその縁故者が家庭裁判所に審判を請求することで開始されます。特別縁故者の例としては、内縁の妻や、看病をしてくれた知人などがあります。特別縁故者がいなかった場合、**被相続人の遺産は国のもの**となります。

> **KEY WORD**
> **官報**
> 国が国民に知らせる必要のある事項を編集して刊行する広報誌のような文書。法令、予算、公告、人事などがその内容。

●相続人がいないとき遺産はどこへ？

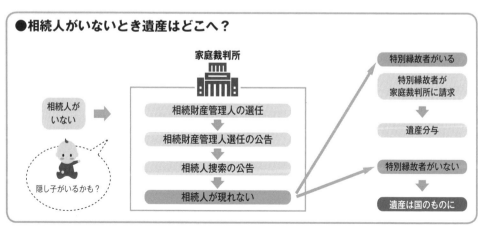

第5章・相続 遺言と遺留分

遺言制度と遺言の効力

46 遺言は被相続人の死亡によって効力が発生する

相続分や相続方法を指定する書面が遺言書

被相続人が生前、だれにどの財産をどれだけ相続させるのかを決めておく法律行為が**遺言**です。遺言を残す人を**遺言者**といいます。

遺言は、被相続人の意思表示であり、被相続人の死亡によって効力が発生します。遺言が、公序良俗に反する内容ではなく、**方式**に従った有効なものであれば、遺言書どおりに財産と財産上の権利義務が遺言で指定された者に引き継がれます。

遺言は、遺言書（遺言状）として書面に残しておくことが必要です。亡くなった被相続人に、遺産をどのように相続させるつもりなのか、死亡した後で聞くことは不可能なのですから。

📖 第961条
遺言能力
15歳に達した者は、遺言をすることができる。

📖 第985条
遺言の効力の発生時期
1　遺言は、遺言者の死亡の時からその効力を生ずる。（以下条文略）

遺言書には厳格な方式が求められる

遺言書には**普通方式**と、**特別方式**の2つの種類があります。普通方式の中で、最も基本的なのが**自筆証書遺言**です。自筆証書遺言は、①全文自筆であること、②日付と署名が自筆であること、③押印があること、という厳格な方式が求められています。したがって、パソコンや他人による**代筆**は無効です（ただし、2020［令和2］年に財産目録については自筆でなくてよいとする改正がされた）。

遺言書になぜ日付が必要なのでしょうか。もし、遺言書が複数存在したとき、いちばん新しい日付の自筆証書遺言を有効とするためです。

普通方式には、このほかに**公正証書遺言**と**秘密証書遺言**があります。特別方式は、事態が差し迫って普通方式による遺言をする余裕がない場合に用いられます。

法定相続人には必ず受け取れる相続分がある

遺言によって財産を与えることを**遺贈（いぞう）**といいます。遺贈を受ける者を**受遺者（じゅいしゃ）**といいます。

遺贈は、被相続人が自分の財産を自由に処分する法律行為です。ただ、自由といっても、例えば、配偶者がいるにも関わらず、内縁の妻に全財産を遺贈すると遺言書に書かれてしまうと、残された配偶者の生活が無視されてしまいます。そこで、被相続人が自由に処分できる財産の割合を制限して、配偶者や子、直系尊属が遺産を一定の割合で確保できるようにしています。この部分を、**遺留分（いりゅうぶん）**といいます。兄弟姉妹には、遺留分はありません。

KEY WORD

特別方式の遺言が行われるケース
・臨終間近なとき
・伝染病により隔離されているとき
・航海中のとき
・船が遭難したとき

KEY WORD

公正証書遺言
遺言者が口述した内容を、証人立会いのもと、公証人が筆記する方式。最も多く利用されている遺言の方式である。

KEY WORD

秘密証書遺言
遺言者が作成した遺言書に署名・押印して封筒に密封して公証人に差し出し、住所氏名を述べ、さらに公証人が封筒に密封して住所氏名を書きとめ、遺言者の遺言書であることを証明してもらう方式。

> **第1046条**
> **遺留分侵害額の請求**
> 1　遺留分権利者及びその承継人は、受遺者（特定財産承継遺言により財産を承継し又は相続分の指定を受けた相続人を含む。以下この章において同じ。）又は受贈者に対し、遺留分侵害額に相当する金銭の支払を請求することができる。
> （以下条文略）

遺留分が足りなければ請求することができる

相続人が受け取った遺産の額が、その相続人の遺留分に足りないときは、遺贈によって被相続人から財産を譲り受けた者に対して、遺留分を侵害した額の金銭の支払いを請求することができます。これを、**遺留分侵害額請求**といいます。

遺留分侵害額請求は受遺者に直接行いますが、受遺者が応じなければ、裁判所に訴えを起すことになります。

遺留分の割合は、**配偶者と子**が相続財産の**2分の1**です。配偶者と子がおらず、**直系尊属だけ**の場合は**3分の1**となります。

遺留分はさらに法定相続分に応じて分けられます。例えば、相続人が配偶者と子の場合の配偶者は、遺留分である2分の1に法定相続分2分の1を掛けた、被相続人の財産の**4分の1**を手にする計算になります。

兄弟や姉妹には遺留分がないことはきちんと認識しておきましょう。

●遺留分の計算例

相続人が配偶者と子の場合

 配偶者　 子

遺留分 1/2 × 相続分 1/2 = 1/4
遺留分 1/2 × 相続分 1/2 = 1/4

相続人が配偶者と直系尊属の場合

 配偶者　

遺留分 1/2 × 相続分 2/3 = 1/3
遺留分 1/2 × 相続分 1/3（父母2人で） = 1/6

第5章・相続
47
遺言の執行と撤回

遺言はどのように執行される？

遺言執行者が行う場合と相続人が行う場合がある

封印のある遺言書は家庭裁判所が開封する

　遺言の効力は、**遺言者の死亡と同時に発生**します。遺言の効力が発生した後、その遺言の内容を実現するための手続が始まります。この手続を**遺言の執行**といいます。

　遺言者が死亡したら、まず遺言の存在と内容を明らかにしなければなりません。そのため、遺言を保管している者や、自筆証書遺言を発見した者は、**家庭裁判所**にその内容を確認させなければなりません。この手続を、**検認**といいます。封印がない遺言書は、相続人が開けても特に問題はありませんが、封印がある遺言書は、相続人であろうと、どんなに親しい家族であろうと、勝手に遺言書を開けてはならないのです。

　検認とは、その遺言書がどんな筆記用具を使い、どの

KEY WORD
相続開始の場所
相続は被相続人の住所で開始される。

KEY WORD
検認
遺言書の偽造などを防止するため、家庭裁判所が遺言書を検査し、その内容を確認すること。

ような内容が書かれているかを家庭裁判所で調べ、調書に記載する証拠保全のような作業です。封印がある遺言書を開封するのも家庭裁判所の仕事です。なお、公正証書遺言では、検認は不要です。

 遺言の執行者には相続人以外の者が選ばれる場合もある

検認が終わると遺言の執行に移ります。

遺言書の内容に相続人全員が納得し、遺言書の内容に従って遺産分割が行われれば特に問題はありません。しかし、遺言書に相続人以外の**遺言執行者**が指定されている場合もあります。遺言執行者とは、遺言を執行するために指定された者のことで、遺言者の代理人です。

遺言執行者の仕事は、財産目録を作成し、遺言書の内容を実現するための一切の行為を行うことです。

遺言者がわざわざ遺言書で遺言執行者を指定する理由は何でしょう。それは、遺言の内容によっては、相続人に任せることでトラブルが発生しかねない場合があるからです。

例えば、相続人の婚姻外の子の認知、相続人の廃除やその取消しがこれにあたります。婚姻外の子の存在が明らかになり、この子が遺言によって認知されていれば相続人の遺産の取り分が少なくなって、相続争いが起きるのは目に見えています。そこで、相続人ではない遺言者の代理人である遺言執行者が必要になってくるのです。

遺言書に遺言執行者が指定されていない場合でも、婚外子の認知や、相続人を廃除したりそれを取り消したり

KEY WORD

自筆証書遺言の保管制度
平成30年の民法改正に際して、自筆証書遺言の偽造・変造・紛失等のリスクを減らすことを目的として、自筆証書遺言の保管制度が新設された（「法務局における遺言書の保管等に関する法律」［遺言書保管法］）。2020［令和2］年7月10日に施行）。保管された自筆証書遺言には、検認の規定が適用されない。

KEY WORD

遺言執行者
遺言者の遺言どおり、相続財産の管理や遺言の執行に必要な行為の権利や義務を受け持つ者を指す。通常は弁護士や司法書士が請け負う。被相続人が指定する者がいない場合、家庭裁判所によって選任される。

KEY WORD

財産目録
被相続人が所有するプラスとマイナスの財産のすべてを記した目録。遺産分割協議をする上で重要。

第1012条
遺言執行者の権利義務
1　遺言執行者は、遺言の内容を実現するため、相続財産の管理その他遺言の執行に必要な一切の行為をする権利義務を有する。
（以下条文略）

227

> **第1022条**
> **遺言の撤回**
> 遺言者は、いつでも、遺言の方式に従って、その遺言の全部又は一部を撤回することができる。

> **第1023条**
> **前の遺言と後の遺言との抵触等**
> 1　前の遺言が後の遺言と抵触するときは、その抵触する部分については、後の遺言で前の遺言を撤回したものとみなす。(以下条文略)

する場合は、家庭裁判所で遺言執行者を選任してもらいます。

古い遺言を撤回して新しい遺言とすることができる

　遺言者による遺言は1回だけしかできないのでしょうか。答えはノーです。遺言は**遺言者の生前における最終の意思表示**です。したがって、遺言者は気が変われば何回でも遺言を残すことができます。前言撤回可能なのです。

　そのときに、前の遺言の効力が発生しないようにしなければなりません。これが**遺言の撤回**という制度です。新しい遺言書を書けば前の遺言書は撤回され、もとからなかったものになります。

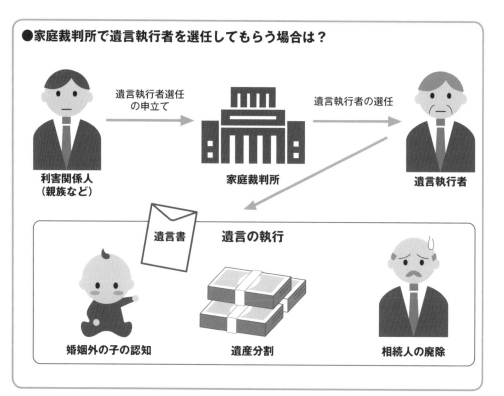

●家庭裁判所で遺言執行者を選任してもらう場合は？

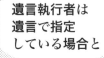

伊藤先生のズバリ回答　相続編

借金を相続したくないときはどうする？

相続人が相続するのは動産、不動産などプラスの財産だけとは限りません。故人が残した借金などマイナスの財産も相続することになります。どうしてもマイナスの財産まで相続したくない場合は「相続放棄」か「限定承認」という制度を利用します。ただし、これらの制度を利用するためには、一定期間内に家庭裁判所に申し出ることが必要です。

債権者の権利はどう確保される？

相続人は故人の借金も相続するため、債権者は相続人に借金の返済を求めることができます。ただ、遺産から故人の借金を返済することが可能であるにもかかわらず、相続人がもともと多額の借金をかかえているため、相続人の債権者が財産を差し押さえてしまい回収できないという事態が生じることがあります。そこで、相続財産と相続人固有の財産を分離して、故人の債権者が相続財産から借金を回収できるようにするために、「財産分離」という手続がとられることがあります。

公正証書遺言とはどんな形式？

遺言者が口述した内容を、証人立会いのもとで公証人が筆記する方式で、公証役場に行くか、公証人に来てもらいます。2人以上の証人の立会いが必要であること、遺言者、証人、公証人各自の署名押印が必要など、手続が面倒である反面、紛失の恐れが少なく検認も不要というメリットがあります。

遺言が無効になるのはどんなとき？

遺言が無効になるケースとしては、遺言書が方式に従って書かれていなかったり、遺言の内容が公序良俗に反していたりする場合があります。また、遺言者が遺言を行う時点で、自分の行為の結果を判断できるだけの意思能力や、遺言の効果などが理解できる能力がない場合、その遺言は無効です。

生死がわからない人の相続はどうなる？

相続は、被相続人の死亡と同時に開始されます。例えば、被相続人となるべき人の行方がわからず生死が7年間不明だったり、災害などが発生した後1年間生死不明の場合は、その人の利害関係人が裁判所に失踪宣告を請求します。失踪宣告が行われると、宣告を受けた人は死亡したとみなされ、失踪宣告の効力発生時に相続が開始します。

INDEX

索引

【数】10年間	10ネンカン	50		姻族	インゾク	187
20年以上50年以下	20ネンイジョウ50ネンイカ	72	【う】請負	ウケオイ	161
20年間	20ネンカン	50		請負契約	ウケオイケイヤク	161
30年未満の借地契約	30ネンミマンノシャクチケイヤク	157		請負人	ウケオイニン	161
3親等内	3シントウナイ	206		売主	ウリヌシ	142
【あ】悪意の受益者	アクイノジュエキシャ	178		運送約款	ウンソウヤッカン	134
与える債務	アタエルサイム	99	【え】永久	エイキュウ	68
【い】遺言	イゴン	216,222		永小作権	エイコサクケン	70
遺言執行者	イゴンシッコウシャ	227		営利	エイリ	28
遺言者	イゴンシャ	222		営利法人	エイリホウジン	28
遺言能力	イゴンノウリョク	222	【お】大家さん	オオヤサン	184
遺言の執行	イゴンノシッコウ	226		お金	オカネ	33
遺言の撤回	イゴンノテッカイ	228		親子関係	オヤコカンケイ	188,196
遺産	イサン	216	【か】買受人	カイウケニン	93
遺産分割協議	イサンブンカツキョウギ	219		解散	カイサン	30
遺産分割手続	イサンブンカツテツヅキ	216		解除	カイジョ	130
意志能力	イシノウリョク	23		解除条件	カイジョジョウケン	44
意思表示	イシヒョウジ	172		解除の効果	カイジョノコウカ	132
意思表示だけ	イシヒョウジダケ	60		買主	カイヌシ	142
意思表示の合致	イシヒョウジノガッチ	122		買戻し	カイモドシ	145
意思表示の到達	イシヒョウジノトウタツ	52		解約手付	カイヤクテツケ	144
意思表示のみ	イシヒョウジノミ	55		加害者	カガイシャ	180
慰謝料	イシャリョウ	108,181		確定期限	カクテイキゲン	45
意志を決定する機関	イシヲケッテイスルキカン	30		確定日付のある証書	カクテイヒヅケノアルショウショ	116
遺贈	イゾウ	140,223		加工	カコウ	63
一物一権主義	イチブツイッケンシュギ	55		火災保険	カサイホケン	91
一般先取特権	イッパンセンシュトッケン	84		過失	カシツ	180
一般の債権	イッパンノサイケン	50		果実	カジツ	32,34
委任	イニン	164		過失相殺	カシツソウサイ	182
委任契約	イニンケイヤク	164		貸主	カシヌシ	148
委任者	イニンシャ	164		家族	カゾク	186
委任状	イニンジョウ	41		家庭裁判所	カテイサイバンショ	203
違約手付	イヤクテツケ	144		株主	カブヌシ	30
入会権	イリアイケン	70,71		貨幣	カヘイ	33
遺留分侵害額請求	イリュウブンシンガイガクセイキュウ	224		借主	カリヌシ	148
飲食費のツケ	インショクヒノツケ	50		簡易の引渡し	カンイノヒキワタシ	59
引水地役権	インスイチエキケン	71		勧告権	カンコクケン	41

完成猶予事由⋯⋯⋯ カンセイユウヨジユウ ⋯⋯⋯⋯ 49

間接占有⋯⋯⋯⋯⋯⋯ カンセツセンユウ ⋯⋯⋯⋯⋯ 59

官報⋯⋯⋯⋯⋯⋯⋯⋯ カンポウ⋯⋯⋯⋯⋯⋯⋯⋯ 220

元本⋯⋯⋯⋯⋯⋯⋯⋯ ガンボン⋯⋯⋯⋯⋯⋯⋯⋯ 148

【き】期間⋯⋯⋯⋯⋯⋯⋯ キカン⋯⋯⋯⋯⋯⋯⋯⋯⋯ 46

期間の定め⋯⋯⋯⋯ キカンノサダメ ⋯⋯⋯⋯⋯ 156

期間を定めて催告 キカンヲサダメテサイコク ⋯⋯ 130

期限⋯⋯⋯⋯⋯⋯⋯⋯ キゲン⋯⋯⋯⋯⋯⋯⋯⋯⋯ 44

危険負担⋯⋯⋯⋯⋯⋯ キケンフタン⋯⋯⋯⋯⋯128,162

帰責性⋯⋯⋯⋯⋯⋯⋯ キセキセイ ⋯⋯⋯⋯⋯108,128

帰属⋯⋯⋯⋯⋯⋯⋯⋯ キゾク⋯⋯⋯⋯⋯⋯⋯⋯⋯ 41

寄託⋯⋯⋯⋯⋯⋯⋯⋯ キタク⋯⋯⋯⋯⋯⋯⋯⋯⋯ 166

寄託契約⋯⋯⋯⋯⋯⋯ キタクケイヤク⋯⋯⋯⋯⋯ 166

寄託者⋯⋯⋯⋯⋯⋯⋯ キタクシャ⋯⋯⋯⋯⋯⋯⋯ 166

危難⋯⋯⋯⋯⋯⋯⋯⋯ キナン⋯⋯⋯⋯⋯⋯⋯⋯⋯ 26

求償権⋯⋯⋯⋯⋯⋯⋯ キュウショウケン ⋯⋯⋯⋯ 119

給付⋯⋯⋯⋯⋯⋯⋯⋯ キュウフ⋯⋯⋯⋯⋯⋯⋯⋯ 98

給料債権⋯⋯⋯⋯⋯⋯ キュウリョウサイケン ⋯⋯ 83

共益費用⋯⋯⋯⋯⋯⋯ キョウエキヒヨウ ⋯⋯⋯⋯ 84

協議離縁⋯⋯⋯⋯⋯⋯ キョウギリエン ⋯⋯⋯⋯⋯ 196

協議離婚⋯⋯⋯⋯⋯⋯ キョウギリコン ⋯⋯⋯⋯⋯ 191

強制⋯⋯⋯⋯⋯⋯⋯⋯ キョウセイ ⋯⋯⋯⋯⋯⋯⋯ 103

供託⋯⋯⋯⋯⋯⋯⋯⋯ キョウタク ⋯⋯⋯⋯⋯⋯⋯ 119

供託所⋯⋯⋯⋯⋯⋯⋯ キョウタクジョ ⋯⋯⋯⋯⋯ 120

共同所有⋯⋯⋯⋯⋯⋯ キョウドウショユウ ⋯⋯⋯ 169

共同保証⋯⋯⋯⋯⋯⋯ キョウドウホショウ ⋯⋯⋯ 112

強迫⋯⋯⋯⋯⋯⋯⋯⋯ キョウハク ⋯⋯⋯⋯⋯⋯⋯ 38

業務執行組合員⋯⋯⋯ ギョウムシッコウクミアイイン ⋯ 169

共有⋯⋯⋯⋯⋯⋯⋯⋯ キョウユウ ⋯⋯⋯⋯⋯⋯⋯ 63

共有物の使用⋯⋯⋯⋯ キョウユウブツノシヨウ ⋯⋯ 64

共有物の変更⋯⋯⋯⋯ キョウユウブツノヘンコウ ⋯ 64

虚偽表示⋯⋯⋯⋯⋯⋯ キョギヒョウジ ⋯⋯⋯⋯⋯ 38

極度額⋯⋯⋯⋯⋯⋯⋯ キョクドガク ⋯⋯⋯⋯⋯⋯ 94

居所⋯⋯⋯⋯⋯⋯⋯⋯ キョショ ⋯⋯⋯⋯⋯⋯⋯⋯ 24

居所の指定⋯⋯⋯⋯⋯ キョショノシテイ ⋯⋯⋯⋯ 203

寄与分⋯⋯⋯⋯⋯⋯⋯ キヨブン⋯⋯⋯⋯⋯⋯⋯⋯ 218

緊急避難⋯⋯⋯⋯⋯⋯ キンキュウヒナン ⋯⋯⋯⋯ 181

近親婚⋯⋯⋯⋯⋯⋯⋯ キンシンコン ⋯⋯⋯⋯⋯⋯ 191

金銭⋯⋯⋯⋯⋯⋯⋯⋯ キンセン⋯⋯⋯⋯⋯⋯⋯⋯ 108

金銭債務⋯⋯⋯⋯⋯⋯ キンセンサイム ⋯⋯⋯⋯100,184

金銭債務の特則⋯⋯⋯ キンセンサイムノトクソク ⋯⋯ 100

金銭など⋯⋯⋯⋯⋯⋯ キンセンナド ⋯⋯⋯⋯⋯⋯ 148

【く】空間地上権⋯⋯⋯⋯ クウカンチジョウケン ⋯⋯ 68

区分地上権⋯⋯⋯⋯⋯ クブンチジョウケン ⋯⋯⋯ 68

組合⋯⋯⋯⋯⋯⋯⋯⋯ クミアイ⋯⋯⋯⋯⋯⋯⋯⋯ 168

組合契約⋯⋯⋯⋯⋯⋯ クミアイケイヤク ⋯⋯⋯⋯ 168

【け】経済的給付⋯⋯⋯⋯ ケイザイテキキュウフ ⋯⋯ 124

競売⋯⋯⋯⋯⋯⋯⋯⋯ ケイバイ⋯⋯⋯⋯⋯⋯⋯⋯ 93

契約⋯⋯⋯⋯⋯⋯⋯⋯ ケイヤク⋯⋯⋯⋯⋯⋯⋯⋯ 36

契約成立の効果⋯⋯⋯ ケイヤクセイリツノコウカ ⋯⋯ 127

契約締結の自由の規制⋯ ケイヤクテイケツノジユウノキセイ 123

契約不適合責任⋯⋯⋯ ケイヤクフテキゴウセキニン ⋯ 144

血族⋯⋯⋯⋯⋯⋯⋯⋯ ケツゾク⋯⋯⋯⋯⋯⋯⋯⋯ 187

権限外の行為⋯⋯⋯⋯ ケンゲンガイノコウイ ⋯⋯⋯ 42

検索の抗弁⋯⋯⋯⋯⋯ ケンサクノコウベン ⋯⋯⋯ 111

原始取得⋯⋯⋯⋯⋯⋯ ゲンシシュトク ⋯⋯⋯⋯⋯ 63

原始的不能⋯⋯⋯⋯⋯ ゲンシテキフノウ ⋯⋯⋯⋯ 128

原状回復義務⋯⋯⋯⋯ ゲンジョウカイフクギム ⋯⋯132,155

現存利益⋯⋯⋯⋯⋯⋯ ゲンゾンリエキ ⋯⋯⋯⋯⋯ 177

建築請負契約約款⋯⋯ ケンチクウケオイケイヤクヤッカン 134

限定承認⋯⋯⋯⋯⋯⋯ ゲンテイショウニン ⋯⋯⋯ 220

検認⋯⋯⋯⋯⋯⋯⋯⋯ ケンニン⋯⋯⋯⋯⋯⋯⋯⋯ 226

元物⋯⋯⋯⋯⋯⋯⋯⋯ ゲンブツ⋯⋯⋯⋯⋯⋯⋯32,34

顕名⋯⋯⋯⋯⋯⋯⋯⋯ ケンメイ⋯⋯⋯⋯⋯⋯⋯⋯ 41

権利質⋯⋯⋯⋯⋯⋯⋯ ケンリシチ ⋯⋯⋯⋯⋯⋯⋯ 87

権利と義務⋯⋯⋯⋯⋯ ケンリトギム ⋯⋯⋯⋯⋯⋯ 123

権利能力⋯⋯⋯⋯⋯⋯ ケンリノウリョク ⋯⋯⋯⋯ 22

権利の主体⋯⋯⋯⋯⋯ ケンリノシュタイ ⋯⋯⋯⋯ 54

権利を持つ物⋯⋯⋯⋯ ケンリヲモツモノ ⋯⋯⋯⋯ 49

【こ】故意⋯⋯⋯⋯⋯⋯⋯ コイ⋯⋯⋯⋯⋯⋯⋯⋯⋯ 180

行為能力⋯⋯⋯⋯⋯⋯ コウイノウリョク ⋯⋯⋯⋯ 23

交換契約⋯⋯⋯⋯⋯⋯ コウカンケイヤク ⋯⋯⋯⋯ 145

後見⋯⋯⋯⋯⋯⋯⋯⋯ コウケン⋯⋯⋯⋯⋯⋯⋯⋯ 202

後見監督人⋯⋯⋯⋯⋯ コウケンカントクニン ⋯⋯⋯ 204

233

後見人	コウケンニン	202
後見人の事務	コウケンニンノジム	203
後見の開始	コウケンノカイシ	202
公示	コウジ	56
公序良俗違反	コウジョリョウゾクイハン	52
更新	コウシン	156,158
公正証書	コウセイショウショ	112
公正証書遺言	コウセイショウショイゴン	223
後発的不能	コウハツテキフノウ	128
抗弁権	コウベンケン	111
合有	ゴウユウ	64,169
小作	コサク	70
小作料	コサクリョウ	70
子の財産	コノザイサン	210
雇用	コヨウ	160
雇用契約	コヨウケイヤク	160
婚姻	コンイン	24,190
婚姻障害	コンインショウガイ	191
婚姻届	コンイントドケ	190
混和	コンワ	63
【さ】債権	サイケン	67,98
債権者	サイケンシャ	74,82
債権者平等の原則	サイケンシャビョウドウノゲンソク	82
債権譲渡	サイケンジョウト	114
債権譲渡の対抗要件	サイケンジョウトノタイコウヨウケン	115
債権の目的	サイケンノモクテキ	98
債権を消滅	サイケンヲショウメツ	120
催告	サイコク	130
催告の抗弁	サイコクノコウベン	111
再婚禁止期間	サイコンキンシキカン	191
財産	ザイサン	25
財産管理	ザイサンカンリ	203
財産管理権	ザイサンカンリケン	199
財産管理人	ザイサンカンリニン	25
財産権	ザイサンケン	142
財産上の権利義務	ザイサンジョウノケンリギム	212
財産分与	ザイサンブンヨ	192

財産目録	ザイサンモクロク	227
祭祀財産	サイシザイサン	216
裁判離縁	サイバンリエン	196
債務者	サイムシャ	74,98
債務者以外の第三者	サイムシャイガイノダイサンシャ	115
債務の消滅	サイムノショウメツ	118
債務の弁済	サイムノベンサイ	90
債務の履行	サイムノリコウ	76,118
債務引受	サイムヒキウケ	114,116
債務不履行	サイムフリコウ	98,102
債務不履行責任	サイムフリコウセキニン	102
先取特権	サキドリトッケン	82
詐欺	サギ	37
錯誤	サクゴ	37
差押え	サシオサエ	103
【し】死因贈与	シインゾウヨ	140
始期	シキ	45
時効	ジコウ	48
時効期間	ジコウキカン	50
時効の援用	ジコウノエンヨウ	50
時効利益の放棄	ジコウリエキノホウキ	50
自己占有	ジコセンユウ	58
仕事	シゴト	161
事実婚	ジジツコン	190
指示による占有移転	シジニヨルセンユウイテン	60
自然人	シゼンジン	22
質権	シチケン	86
質物	シチブツ	87
質屋	シチヤ	86
実子	ジッシ	194
失踪宣告	シッソウセンコク	25
指定相続分	シテイソウゾクブン	216
私的自治の原則と契約	シテキジチノゲンソクトケイヤク	122
支配	シハイ	54
自筆証書遺言	ジヒツショウショイゴン	223
自筆証書遺言の補完制度	ジヒツショウショユイゴンノホカンセイド	227
紙幣	シヘイ	33

死亡	シボウ	25
事務管理	ジムカンリ	172
事務管理者	ジムカンリシャ	173
社員	シャイン	30
社員総会	シャインソウカイ	30
借地権	シャクチケン	66,157
借地借家法	シャクチシャッカホウ	66,157
社団法人	シャダンホウジン	28
借家権	シャッカケン	157
借金	シャッキン	50
受遺者	ジュイシャ	140,223
収益	シュウエキ	62,70
終期	シュウキ	45
住所	ジュウショ	24
従物	ジュウブツ	32,33
受寄者	ジュキシャ	166
宿泊約款	シュクハクヤッカン	134
熟慮期間	ジュクリョキカン	219
受贈者	ジュゾウシャ	138
主たる債務	シュタルサイム	110
主たる債務者	シュタルサイムシャ	110
出資	シュッシ	168
取得時効	シュトクジコウ	49
受任者	ジュニンシャ	164
受任者の注意義務	ジュニンシャノチュウイギム	165
主物	シュブツ	32,33
受領遅滞	ジュリョウチタイ	103,104
種類物	シュルイブツ	99
準事務管理	ジュンジムカンリ	174
準占有	ジュンセンユウ	60
使用	シヨウ	62
承役地	ショウエキチ	71
承継取得	ショウケイシュトク	63
条件	ジョウケン	44
証拠	ショウコ	124
使用者	シヨウシャ	160
使用収益	シヨウシュウエキ	152

使用貸借	シヨウタイシャク	151
承諾	ショウダク	36,67
消費寄託契約	ショウヒキタクケイヤク	166
消費貸借	ショウヒタイシャク	148
消滅	ショウメツ	80
消滅時効	ショウメツジコウ	48
証約手付	ショウヤクテツケ	144
処分	ショブン	62
所有権	ショユウケン	62,96
所有権移転時期	ショユウケンイテンジキ	162
親権	シンケン	198
親権者	シンケンシャ	198
親権喪失の請求	シンケンソウシツノセイキュウ	200
身上監護	シンジョウカンゴ	203
身上監護権	シンジョウカンゴケン	199
身上監護権の内容	シンジョウカンゴケンノナイヨウ	199
親族	シンゾク	186
親族関係	シンゾクカンケイ	210
親族の範囲	シンゾクノハンイ	186
人的担保	ジンテキタンポ	75
親等	シントウ	187
親等の計算	シントウノケイサン	188
心裡留保	シンリリュウホ	36,37
【す】随伴性	ズイハンセイ	76
【せ】生活扶助義務	セイカツフジョギム	207
生活保持義務	セイカツホジギム	206
制限行為能力者	セイゲンコウイノウリョクシャ	23
清算	セイサン	30
生前に贈与	セイゼンニゾウヨ	217
正当な事由	セイトウナジユウ	158
正当防衛	セイトウボウエイ	181
成年被後見人	セイネンヒコウケンニン	24,203
設立	セツリツ	29
善意かつ無過失	ゼンイカツムカシツ	50
善意の受益者	ゼンイノジュエキシャ	177
全額の支払い	ゼンガクノシハライ	80
善管注意義務	ゼンカンチュウイギム	165

235

占有	センユウ	58,96
占有開始時	センユウカイシジ	50
占有回収の訴え	センユウカイシュウノウッタエ	60
占有改定	センユウカイテイ	59
占有権の取得	センユウケンノシュトク	58
占有訴権	センユウソケン	60
占有の喪失	センユウノソウシツ	80
占有保全の訴え	センユウホゼンノウッタエ	60

【そ】

造作買取請求権	ゾウサクカイトリセイキュウケン	156
相続	ソウゾク	212
相続開始の場所	ソウゾクカイシノバショ	226
相続回復請求権	ソウゾクカイフクセイキュウケン	214
相続欠格	ソウゾクケッカク	214
相続人	ソウゾクニン	212
相続の承認・法規の撤回	ソウゾクノショウニン・ホウキノテッカイ	220
相続廃除	ソウゾクハイジョ	214
相続分	ソウゾクブン	195,216
相続法改正	ソウゾクホウカイセイ	213
相続放棄	ソウゾクホウキ	220
相当の期間	ソウトウノキカン	149
相当の担保	ソウトウノタンポ	80
双務契約	ソウムケイヤク	36,123
総有	ソウユウ	64
贈与	ゾウヨ	138
贈与契約	ゾウヨケイヤク	138
贈与者	ゾウヨシャ	138
贈与の解除	ゾウヨノカイジョ	139
相隣関係	ソウリンカンケイ	62
遡及的消滅	ソキュウテキショウメツ	132
そのまま移転	ソノママイテン	114
損害賠償請求権	ソンガイバイショウセイキュウケン	107

【た】

第1順位	ダイ1ジュンイ	213
対外的に表示する機関	タイガイテキニヒョウジスルキカン	30
代金	ダイキン	142
対抗要件	タイコウヨウケン	56
第三債務者	ダイサンサイムシャ	88
第三者に対して権利を主張	ダイサンシャニタイシテケンリヲシュチョウ	67

貸借	タイシャク	151
代襲相続	ダイシュウソウゾク	214
代替執行	ダイタイシッコウ	103
代諾縁組	ダイダクエングミ	196
代担保	ダイタンポ	78
代筆	ダイヒツ	223
代表権	ダイヒョウケン	30
代物弁済	ダイブツベンサイ	119
代理	ダイリ	40
代理権	ダイリケン	41
代理権授与表示	ダイリケンジュヨヒョウジ	42
代理権消滅後	ダイリケンショウメツゴ	42
代理占有	ダイリセンユウ	59
代理人	ダイリニン	40,52
互いに出捐	タガイニシュツエン	124
諾成契約	ダクセイケイヤク	124
脱退	ダッタイ	170
建物買取請求権	タテモノカイトリセイキュウケン	156
建物の引き渡し	タテモノノヒキワタシ	158
他人の財産	タニンノザイサン	146
単純承認	タンジュンショウニン	219,220
単独親権	タンドクシンケン	198
担保	タンポ	74
担保責任	タンポセキニン	162

【ち】

地役権	チエキケン	70,72
遅延損害金	チエンソンガイキン	108,150
遅延賠償	チエンバイショウ	108
地下地上権	チカチジョウケン	68
地上権	チジョウケン	66
嫡出子	チャクシュツシ	194
嫡出否認の訴え	チャクシュツヒニンノウッタエ	195
注文者	チュウモンシャ	161
調停	チョウテイ	104
直接強制	チョクセツキョウセイ	103
直接占有	チョクセツセンユウ	59
直接的	チョクセツテキ	54
直接的・排他的な支配権	チョクセツテキ・ハイタテキナシハイケン	54

索 引

賃金……………………… チンギン ………………… 160	特定物と非特定物 … トクテイブツトヒトクテイブツ …… 184
賃借権…………………… チンシャクケン ………… 66	特別受益者……………… トクベツジュエキシャ ………218
賃借人…………………… チンシャクニン ………… 154	特別先取特権…………… トクベツセンシュトッケン ……… 84
賃貸……………………… チンタイ ………………… 79	特別な債権……………… トクベツナサイケン ……… 83
賃貸借…………………… チンタイシャク ………… 154	特別方式………………… トクベツホウシキ ………223
賃貸借契約……………… チンタイシャクケイヤク … 66	特別養子縁組…………… トクベツヨウシエングミ …196
賃貸人…………………… チンタイニン …………… 154	土地の便益……………… トチノベンエキ ………… 70
賃料……………………… チンリョウ ……………… 34	途中解約………………… トチュウカイヤク ………158
【つ】追認……………………… ツイニン ………………… 41	取消権…………………… トリケシケン …………… 42
通行地役権……………… ツウコウチエキケン …… 71	取消的無効……………… トリケシテキムコウ …… 38
通常損害………………… ツウジョウソンガイ …… 108	【な】内縁……………………… ナイエン ………………190
通知……………………… ツウチ …………………… 115	なす債務………………… ナスサイム …………… 99
通知義務………………… ツウチギム ……………… 173	【に】任意後見契約………… ニンイコウケンケイヤク …204
【て】定款……………………… テイカン ………………… 29	任意後見制度…………… ニンイコウケンセイド …204
定型取引………………… テイケイトリヒキ ……… 136	任意代理………………… ニンイダイリ ………… 41
定型約款………………… テイケイヤッカン ……… 135	任意認知………………… ニンイニンチ …………196
定型約款の合意………… テイケイヤッカンノゴウイ … 135	認知……………………… ニンチ …………………196
停止条件………………… テイシジョウケン ……… 44	認知症…………………… ニンチショウ …………204
定着物…………………… テイチャクブツ ………… 33	【ね】根抵当権……………… ネテイトウケン ……… 94
抵当権…………………… テイトウケン ……………76,90	【は】倍返し……………………… バイガエシ ……………144
抵当権設定契約……… テイトウケンセッテイケイヤク … 91	配偶者…………………… ハイグウシャ …………187
抵当権の実効………… テイトウケンノジッコウ … 93	賠償……………………… バイショウ ……………184
抵当権の順位………… テイトウケンノジュンイ …92,96	排他性…………………… ハイタセイ …………… 99
撤回できない ………… テッカイデキナイ ……… 127	排他的…………………… ハイタテキ …………… 54
手付……………………… テツケ …………………… 143	売買……………………… バイバイ ………………142
手付の交付……………… テツケノコウフ ………… 143	売買契約………………… バイバイケイヤク ……142,146
天然果実………………… テンネンカジツ ………… 34	【ひ】非営利法人…………… ヒエイリホウジン …… 28
填補賠償………………… テンポバイショウ ……… 108	被害者…………………… ヒガイシャ ……………180
【と】登記……………………… トウキ ……………………56,67	引受人…………………… ヒキウケニン …………116
登記手続を請求…… トウキテツヅキヲセイキュウ …… 67	引渡し…………………… ヒキワタシ ……………56,59
動産……………………… ドウサン …………………32,33	非債弁済………………… ヒサイベンサイ ………178
動産質…………………… ドウサンシチ …………… 87	被相続人………………… ヒソウゾクニン ………212
動産先取特権…………… ドウサンセンシュトッケン … 84	非嫡出子………………… ヒチャクシュツシ ……194
同時死亡の推定……… ドウジシボウノスイテイ … 26	必要な費用……………… ヒツヨウナヒヨウ ……152
到達主義………………… トウタツシュギ ………… 127	必要費…………………… ヒツヨウヒ …………… 79
特定物…………………… トクテイブツ …………… 99	人………………………… ヒト ……………………22,28
特定物債権……………… トクテイブツサイケン …… 107	被保佐人………………… ヒホサニン …………… 23

237

被補助人	ヒホジョニン	23
秘密証書遺言	ヒミツショウショイゴン	223
表見相続人	ヒョウケンソウゾクニン	214
表見代理	ヒョウケンダイリ	42

【ふ】

夫婦財産契約	フウフザイサンケイヤク	192
夫婦財産制	フウフザイサンセイ	192
不確定期限	フカクテイキゲン	45
不可分性	フカブンセイ	76
不完全履行	フカンゼンリコウ	107
複数の債権者	フクスウノサイケンシャ	92
付合	フゴウ	63
不在者	フザイシャ	24
付従性	フジュウセイ	76
負担付贈与	フタンツキゾウヨ	140
普通借地権	フツウシャクチケン	156
普通方式	フツウホウシキ	223
普通養子縁組	フツウヨウシエングミ	196
物権	ブッケン	67,76
物権的請求権	ブッケンテキセイキュウケン	55
物権変動	ブッケンヘンドウ	55,56
物権法定主義	ブッケンホウテイシュギ	54
物上代位	ブツジョウダイイ	92
物的担保	ブッテキタンポ	75
物的担保の実行	ブッテキタンポノジッコウ	75
不動産	フドウサン	32,90
不動産質	フドウサンシチ	87
不動産先取特権	フドウサンセンシュトッケン	84
不当利得	フトウリトク	176
不当利得返還請求	フトウリトクヘンカンセイキュウ	49
不特定物	フトクテイブツ	99
不法原因給付	フホウゲンインキュウフ	178
不法行為の損害賠償請求権	フホウコウイノソンガイバイショウセイキュウケン	181
扶養	フヨウ	206
扶養義務	フヨウギム	188
扶養請求権	フヨウセイキュウケン	207
扶養の範囲	フヨウノハンイ	207
紛争	フンソウ	186

【へ】

併存的債務引受	ヘイゾンテキサイムヒキウケ	116
返還の時期	ヘンカンノジキ	149
弁済	ベンサイ	74,118
弁済による代位	ベンサイニヨルダイイ	119
弁済の提供	ベンサイノテイキョウ	118
返済を確保する手段	ヘンサイヲカクホスルシュダン	74
片務契約	ヘンムケイヤク	36,123

【ほ】

妨害排除	ボウガイハイジョ	67
包括承継	ホウカツショウケイ	216
報告義務	ホウコクギム	173
報酬	ホウシュウ	161
法人	ホウジン	28
法人格	ホウジンカク	28
法人の形態	ホウジンノケイタイ	29
法人の権利能力	ホウジンノケンリノウリョク	169
法人の能力	ホウジンノノウリョク	28
法定果実	ホウテイカジツ	34
法定更新	ホウテイコウシン	158
法定財産制	ホウテイザイサンセイ	192
法定財産制の内容	ホウテイザイサンセイノナイヨウ	192
法定相続人	ホウテイソウゾクニン	213
法定相続分	ホウテイソウゾクブン	217
法定代理	ホウテイダイリ	41
法定担保物権	ホウテイタンポブッケン	76
法定地上権	ホウテイチジョウケン	67
法定利率	ホウテイリリツ	100,150
法律行為	ホウリツコウイ	22
保管	ホカン	166
保険契約約款	ホケンケイヤクヤッカン	134
保佐	ホサ	204
補充	ホジュウ	111
保証	ホショウ	110
保証債務	ホショウサイム	75,110
保証債務の随伴性	ホショウサイムノズイハンセイ	111
保証債務の付従性	ホショウサイムノフジュウセイ	111
保証人	ホショウニン	75,110
保証人の責任等	ホショウニンノセキニントウ	110

索引

本権……………………ホンケン………………………………58
【ま】マイナスの財産……マイナスノザイサン……216
　　又貸し……………マタガシ………………………155
【み】未成年者…………ミセイネンシャ………………23
　　民事執行権………ミンジシッコウケン……………93
　　民法改正…………ミンボウカイセイ………………23
【む】無権代理…………ムケンダイリ………………41,42
　　無効………………ムコウ……………………38,52
　　無主物……………ムシュブツ……………………63
　　無主物占有………ムシュブツセンユウ……………63
　　無償寄託…………ムショウキタク………………166
　　無償契約…………ムショウケイヤク……………124,149
　　無体財産権………ムタイザイサンケン……………88
　　無体物……………ムタイブツ……………………32
【め】明認方法…………メイニンホウホウ……………33
　　免責的債務引受…メンセキテキサイムヒキウケ……116
【も】申込み……………モウシコミ……………………36
　　申込みの誘因……モウシコミノユウイン…………127
　　目的物返還義務…モクテキブツヘンカンギム……155
　　持分………………モチブン………………………64
　　物…………………モノ……………………………32
　　物を使用収益する…モノヲシヨウシュウエキスル……96
【や】約定担保物権……ヤクジョウタンポブッケン……76,87
　　約款………………ヤッカン………………………134
　　やむを得ない事由…ヤムヲエナイジユウ…………161
【ゆ】有償契約…………ユウショウケイヤク…………124,149
　　優先して弁済……ユウセンシテベンサイ…………86
　　優先弁済効………ユウセンベンサイコウ………75,79
　　有体物……………ユウタイブツ…………………32
【よ】養育費……………ヨウイクヒ……………………208
　　要役地……………ヨウエキチ……………………71
　　用益物権…………ヨウエキブッケン……………70
　　養子………………ヨウシ…………………………194
　　養子縁組…………ヨウシエングミ………………196
　　要物契約…………ヨウブツケイヤク……………87,148
【ら】濫用………………ランヨウ………………………200
【り】履行………………リコウ…………………………102

履行期………………リコウキ………………………106
履行遅滞……………リコウチタイ…………………106
履行不能……………リコウフノウ………………107,131
履行を強制…………リコウヲキョウセイ…………102
離婚…………………リコン……………………191,210
離婚原因……………リコンゲンイン………………191
離婚届………………リコントドケ…………………192
離婚の身分上の効果 リコンノミブンジョウノコウカ ‥191
理事…………………リジ……………………………30
利息…………………リソク…………………………148
利息債権……………リソクサイケン………………100
利息制限法…………リソクセイゲンホウ…………150
留置…………………リュウチ……………………79,86
留置権………………リュウチケン…………………78
旅行約款……………リョコウヤッカン……………134
利率の上限…………リリツノジョウゲン…………150
【れ】連帯保証…………レンタイホショウ……………111
　　連帯保証人………レンタイホショウニン………75,111
【ろ】労働者……………ロウドウシャ…………………160
　　労務………………ロウム…………………………160

239

監修者
伊藤 真（いとう まこと）

伊藤塾塾長。弁護士。東京大学法学部在学中に司法試験に合格。以後、司法試験の受験指導を開始。95年、司法試験受験指導のキャリアを活かして「伊藤真の司法試験塾（のちに「伊藤塾」に改称）」開塾。予備試験を含む司法試験・法科大学院入試・公務員試験・法律科目のある資格試験の受験指導に携わる一方、大学での客員講師のほか、各種公益団体・企業・一般市民向けに、日本国憲法の理念を伝える伝道師として、全国各地で講演活動を精力的に行う。また、一人一票実現国民会議の事務局長として一票の価値実現を目指すなど、社会的問題にも積極的に取り組んでいる。
（一人一票実現国民会議URL：https://www2.ippyo.org）
著書に、「伊藤真の入門」シリーズ全8巻（日本評論社）、『伊藤真の日本一わかりやすい憲法入門』（中経出版）、「伊藤真 試験対策講座」シリーズ全15巻（弘文堂）、他多数。

伊藤塾（東京校）
〒150-0031　東京都渋谷区桜丘町17-5　電話：03(3780)1717
ホームページ：https://www.itojuku.co.jp

ナツメ社Webサイト
https://www.natsume.co.jp
書籍の最新情報（正誤情報を含む）はナツメ社Webサイトをご覧ください。

編集担当…山路和彦（ナツメ出版企画）
編集協力…アーク・コミュニケーションズ
執筆協力…薄井哲人、岩井翼、仁井稔大
マンガ……くりきまる

本書に関するお問い合わせは、書名・発行日・該当ページを明記の上、下記のいずれかの方法にてお送りください。電話でのお問い合わせはお受けしておりません。
・ナツメ社webサイトの問い合わせフォーム
　https://www.natsume.co.jp/contact
・FAX（03-3291-1305）
・郵送（下記、ナツメ出版企画株式会社宛て）
なお、回答までに日にちをいただく場合があります。正誤のお問い合わせ以外の書籍内容に関する解説・個別の相談は行っておりません。あらかじめご了承ください。

マンガでわかる民法入門 第2版

2012年　1月 8日　初版発行
2019年10月 3日　第2版発行
2022年　8月 1日　第2版第4刷発行

監修者　伊藤真　　　　　　　　　　　　　Ito Makoto, 2012-2019
発行者　田村正隆

発行所　株式会社ナツメ社
　　　　東京都千代田区神田神保町1-52　ナツメ社ビル1F（〒101-0051）
　　　　電話　03(3291)1257（代表）　FAX　03(3291)5761

制　作　ナツメ出版企画株式会社
　　　　東京都千代田区神田神保町1-52　ナツメ社ビル3F（〒101-0051）
　　　　電話　03(3295)3921（代表）

印刷所　ラン印刷社

ISBN978-4-8163-6716-8　　　　　　　　　　　　　　　　Printed in Japan
〈定価はカバーに表示してあります。〉〈落丁・乱丁本はお取り替えいたします。〉
本書の一部または全部を、著作権法で定められている範囲を超え、ナツメ出版企画株式会社に無断で複写、複製、データファイル化することを禁じます。